潜水手势

休闲潜水员随身口袋工具书

曹鹏飞◎著

北京科学技术出版社

免责声明

作者已尽一切努力确保本书中信息的准确性，但不承担潜水员在潜水过程中因过失、事故或其他原因造成任何损失或伤害（包括死亡）的责任。本书中的信息便于休闲潜水员在潜水过程中更有效地沟通与交流。

作者建议：潜水员应对自己的安全负责；开始潜水前要与自己的潜伴详细沟通并确认有关潜水手势的含义；潜水时一定要量力而行。

图书在版编目（CIP）数据

潜水手势：休闲潜水员随身口袋工具书 / 曹鹏飞著 . — 北京：北京科学技术出版社，2021.3

ISBN 978-7-5714-1221-0

Ⅰ . ①潜… Ⅱ . ①曹… Ⅲ . ①潜水运动-手势语 Ⅳ . ① G861.5

中国版本图书馆 CIP 数据核字 (2020) 第 222655 号

策划编辑：王宇翔	电　　话：0086-10-66135495（总编室）
责任编辑：付改兰	0086-10-66113227（发行部）
封面设计：天露霖文化	网　　址：www.bkydw.cn
图文制作：天露霖文化	印　　刷：北京宝隆世纪印刷有限公司
责任印制：李　茗	开　　本：880mm×1230mm　1/32
出 版 人：曾庆宇	字　　数：96 千字
出版发行：北京科学技术出版社	印　　张：4.625
社　　址：北京西直门南大街 16 号	版　　次：2021 年 3 月第 1 版
邮政编码：100035	印　　次：2021 年 3 月第 1 次印刷
ISBN 978-7-5714-1221-0	

定　　价：79.00 元

作者的话

地球约 70% 的面积被水覆盖，而潜水可以让人们去探索水下的神秘世界。

如今休闲潜水已受到越来越多的人的关注与喜爱，每年几次的潜水旅行已经成为休闲潜水员们走向世界、拓宽视野的最佳途径。

在潜水活动中，潜水手势是水下交流的主要方式，也是保证潜水安全的重要因素。统一的潜水手势可以让潜水员向潜伴准确地传达信息，提升潜水的安全性，更好地体验潜水的乐趣。但国内休闲潜水手势的相关资料较为零散，不便于广大休闲潜水员查阅。

我在编写本书过程中收集了大量资料，参考了各大休闲潜水系统中应用的潜水手势，整理、罗列出了 200 余个潜水手势。从最初进行潜水训练时常用的手势到表示常见海洋生物的手势，这些手势涉及潜水的许多方面。为了便于读者理解与使用，本书详细描述了每个潜水手势，解释了它们的含义与使用场合，并附有 15 组情景模拟组合手势示例。

感谢所有为本书做出贡献的人！希望本书可以帮助广大休闲潜水员更安全、更舒适地潜水。

曹鹏飞

编辑的话

我策划这本书的灵感源于我潜水时发生的一次意外。在那次潜水的过程中，我一度陷入恐慌，手忙脚乱，却无法让潜伴明白我的意思，虽然我只是想告诉潜伴：我们好像迷路了。事后，我就有了这样一个念头：如果潜水员学会应用更多潜水手势，在水下交流时就可以传达更多有效信息，那么潜水时发生意外的概率可能更小一些，潜水会更安全一些。

休闲潜水是一项社交活动。潜水员如果在潜水时既无法表达看到美景时的兴奋和喜悦，又无法表达潜水过程中可能产生的担心和恐惧，那么不但少了很多乐趣，而且会增加风险。于是，我找到曹鹏飞先生，希望他结合他的潜水教学经验，以直观、易懂的图画展示复杂的潜水手势。于是，便有了这本《潜水手势：休闲潜水员随身口袋工具书》。

希望我做的这件小小的事可以为休闲潜水员们带来一些帮助。

北京科学技术出版社，贝壳潜水联盟

王宇翔

目 录

第四章　危险状况手势

第五章　潜水环境手势

第六章　个人情绪手势

第十章 手势交流示例

第一章

潜水教学手势

数字及气压手势

日常应用手势

危险状况手势

潜水环境手势

个人情绪手势

水面手势及灯光信号

其他应用手势

海洋生物手势

手势交流示例

✋潜水手势 👌

01
集合

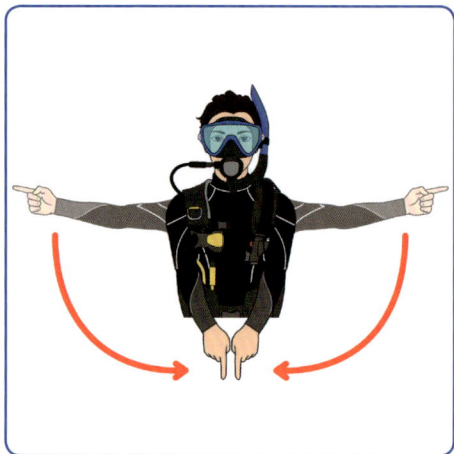

· 双臂向两侧伸展，双手食指伸直，然后双手在身前并拢。

含义：集合。

潜水教练用这个手势通知受训的潜水员集合。

02
跪在水底

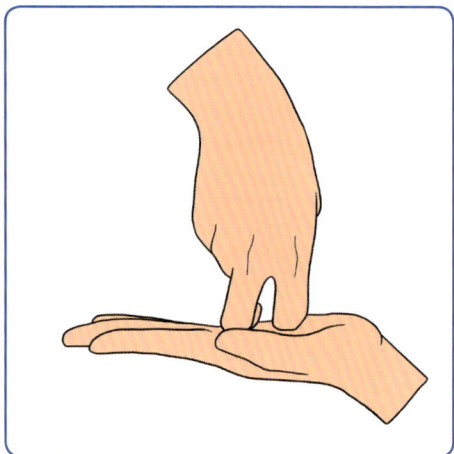

· 一只手食指与中指屈曲，放在另一只手向上的手掌上，其余三指向掌心屈曲。

含义：跪在水底。

潜水教练用这个手势告诉潜水员要跪在水底，从而更好地稳定身体。

潜水教学手势

数字及气压手势

日常应用手势

危险状况手势

潜水环境手势

个人情绪手势

水面手势及灯光信号

其他应用手势

海洋生物手势

手势交流示例

03
调整呼吸

· 一只手手掌向内，在呼吸调节器前方上下移动。

含义：调整呼吸。

潜水教练用这个手势提醒潜水员在水下调整呼吸。

在水下，缓慢而深长的呼吸效率最高。

04
请注意

· 双手同时伸出食指，指向上方。

含义：请注意。

潜水教练用这个手势提醒潜水员注意。

还有一些潜水教练会通过在水中制造明显的声音吸引潜水员注意。

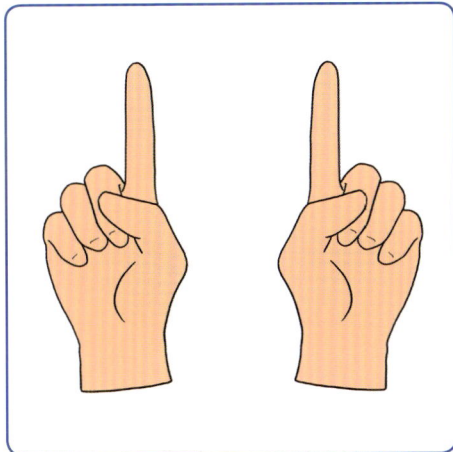

潜水教学手势

数字及气压手势

日常应用手势

危险状况手势

潜水环境手势

个人情绪手势

水面手势及灯光信号

其他应用手势

海洋生物手势

手势交流示例

05

请你开始

· 一只手的拇指与其余四指分开，手掌向上并自然指向潜伴。

含义：请你开始。

潜水教练用这个手势提醒潜水员开始练习或做某一动作。

06

重复

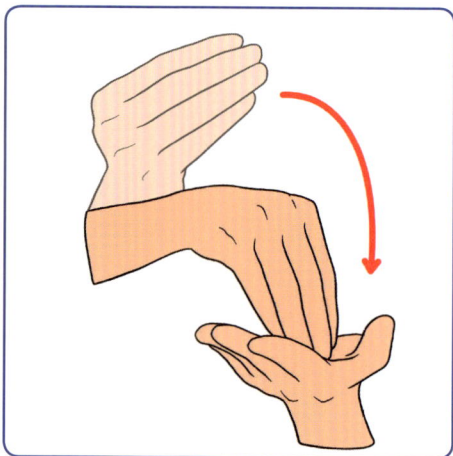

· 一只手的五指指尖并拢，放在另一只手的掌心。

含义：重复。

请重复上一个动作。

潜水教练用这个手势提醒潜水员重复上一个动作。

潜水教学手势

数字及气压手势

日常应用手势

危险状况手势

潜水环境手势

个人情绪手势

水面手势及灯光信号

其他应用手势

海洋生物手势

手势交流示例

07
互换角色

- 一只手比出 V 字手势后，翻转 180°。

含义：互换角色。

在进行双人潜水技巧练习时，教练会用这个手势提醒潜水员互换角色。

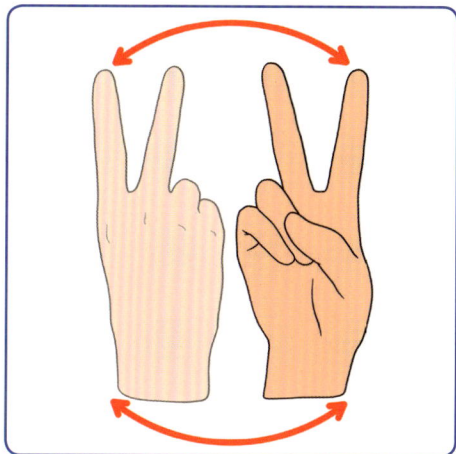

08
潜水教练或领队

- 一只手五指并拢，竖于额前。

含义：潜水教练或领队。

潜水员通常会用这个手势辅以食指指向某人的手势，表明团队中的教练或领队是谁。

潜水教练或领队是团队中最熟悉地形、经验最丰富的潜水员，也是承担责任最多的潜水员。

09
助手

- 一只手食指和中指伸直、并拢，放在对侧手臂上臂前方。

含义：助手。

潜水员通常用这个手势辅以食指指向某人的手势，表明团队中的助手是谁。

助手通常协助潜水教练或领队管理潜水团队，承担的责任也比普通潜水员多。

10
潜伴

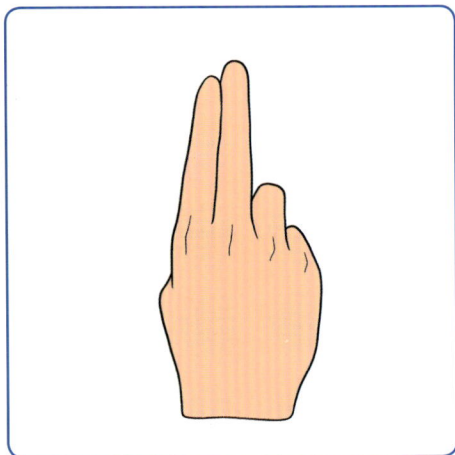

- 一只手食指和中指伸直、并拢。

含义：潜伴。

潜水教练或领队做出这个手势指向相关潜水员，表明这些潜水员互为潜伴或小组成员。潜水员拥有经过长期磨合的潜伴可以极大提高潜水的安全性。这个手势可以与"疑问"手势（3-06）*搭配使用，含义为"你的潜伴在哪里？"或"你的潜伴是谁？"

---

* 此处的"（3-06）"代表第三章中的第六个手势。后同。

潜水教学手势
数字及气压手势
日常应用手势
危险状况手势
潜水环境手势
个人情绪手势
水面手势及灯光信号
其他应用手势
海洋生物手势
手势交流示例

11
靠近潜伴

· 双手食指伸直、并拢。

含义：靠近潜伴。

潜水教练或领队通常会用这个手势提醒潜水员们互相靠近。

当你和你的潜伴距离过远时，潜水教练或领队会要求你们靠近一些，以便相互帮助。

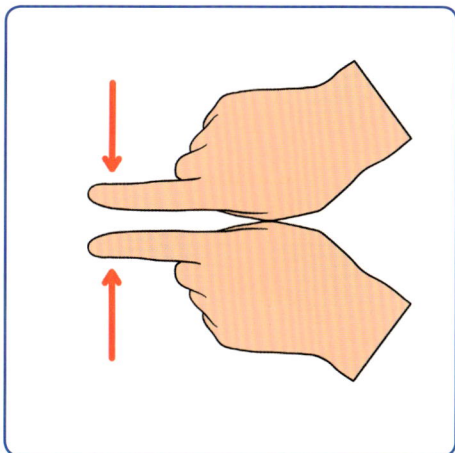

12
与潜伴保持距离

· 双手食指伸直、并拢，然后向两侧分开。

含义：与潜伴保持距离。

潜水教练或领队通常用这个手势提醒潜水员与潜伴保持距离。

当你和你的潜伴距离过近时，潜水教练或领队会要求你们分开一些，以免相互影响。

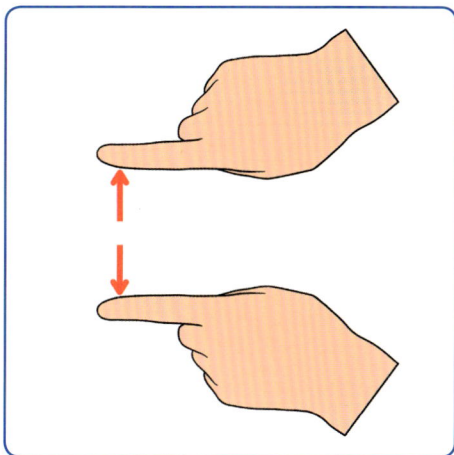

13

踢动脚蹼

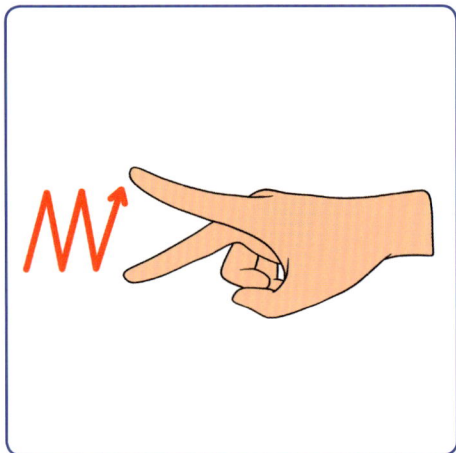

- 一只手食指和中指上下交替运动。

含义：踢动脚蹼。

潜水教练或领队用这个手势告诉潜水员做踢蹼动作。

14

充气

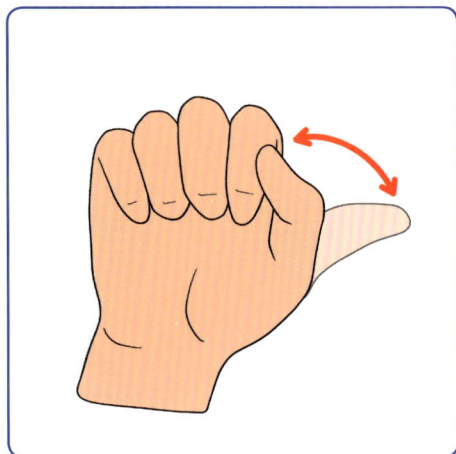

- 一只手除拇指以外的四指向掌心屈曲，拇指反复按压食指。

含义：充气。

给浮力控制器（BCD）充气。

潜水教练或领队用这个手势告诉潜水员要给浮力控制器充气。

潜水教学手势
数字及气压手势
日常应用手势
危险状况手势
潜水环境手势
个人情绪手势
水面手势及灯光信号
其他应用手势
海洋生物手势
手势交流示例

潜水教学手势

数字及气压手势

日常应用手势

危险状况手势

潜水环境手势

个人情绪手势

水面手势及灯光信号

其他应用手势

海洋生物手势

手势交流示例

15
排气

· 一只手食指向上伸出，其余四指向掌心屈曲，食指反复屈伸。

含义：排气。

给浮力控制器排气。

潜水教练或领队用这个手势提醒潜水员给浮力控制器排气。

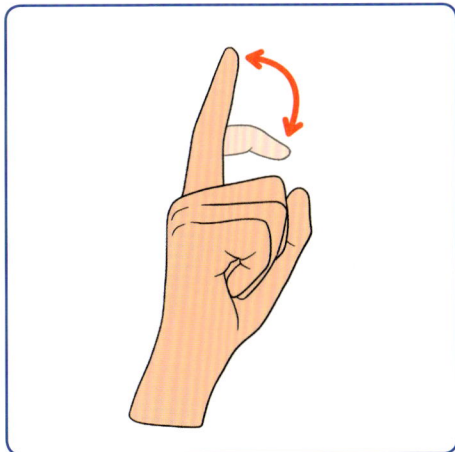

16
与水底保持距离

· 一只手手掌向上，自下向上运动。

含义：与水底保持距离。

潜水教练或领队通常用这个手势提醒潜水员与水底保持距离。

不熟练的潜水员往往因为无法控制浮力而触碰水底，此时应该调整自身浮力以达到中性浮力状态。

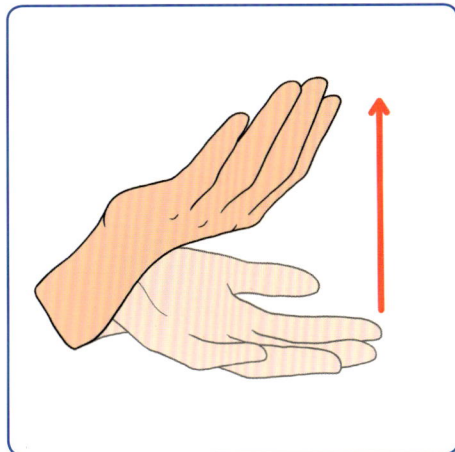

17

进行中性浮力训练

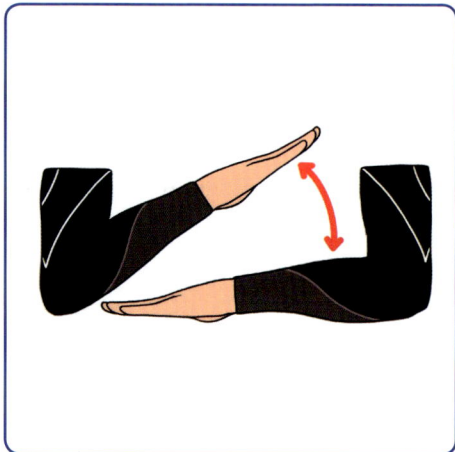

· 两侧前臂叠放于胸前，上方的手臂保持肘部不动，只有前臂上下运动。

含义：开始进行中性浮力训练。

潜水教练用这个手势提醒潜水员进行中性浮力训练。

保持中性浮力状态是潜水员必须掌握的重要技能。达到中性浮力状态后，吸气时身体会微微上升，呼气时身体会微微下降。

第二章

数字及气压手势

潜水教学手势

数字及气压手势

日常应用手势

危险状况手势

潜水环境手势

个人情绪手势

水面手势及灯光信号

其他应用手势

海洋生物手势

手势交流示例

01

你还有多少气体?

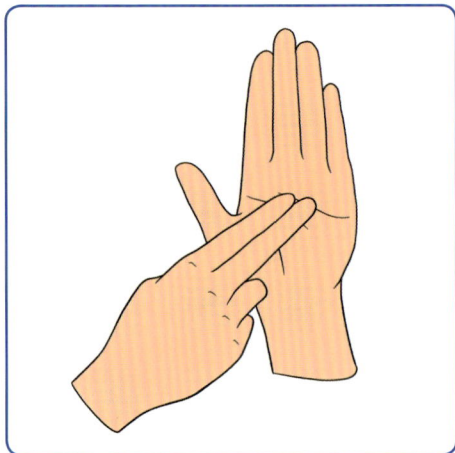

· 一只手食指和中指并拢，放在另一只手的掌心。

含义：**你还有多少气体?**

潜伴互相询问对方还有多少气体时，会做出这个手势。

02

数字手势

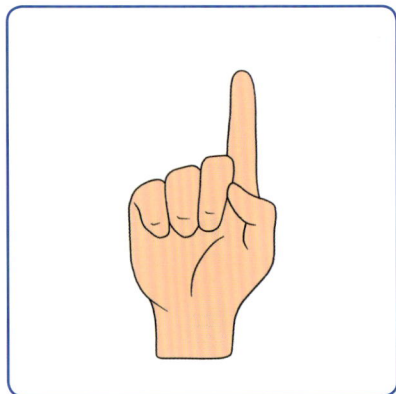

1

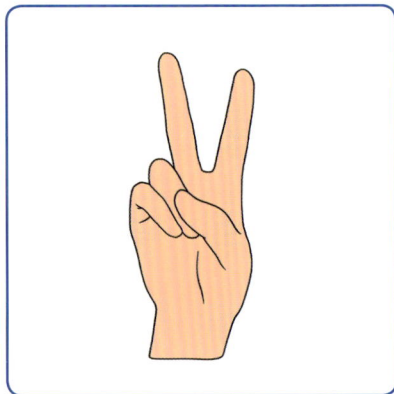

2

潜水手势

潜水教学手势

数字及气压手势

日常应用手势

危险状况手势

潜水环境手势

个人情绪手势

水面手势及灯光信号

其他应用手势

海洋生物手势

手势交流示例

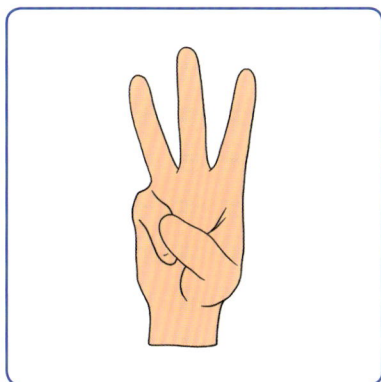

3

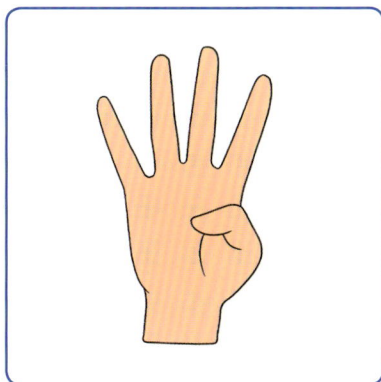

4

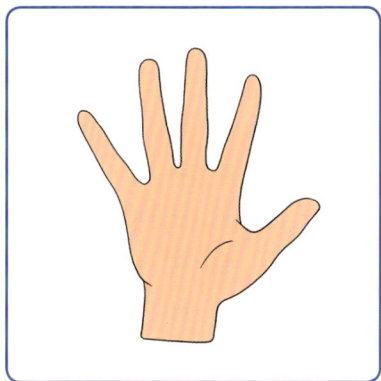

5

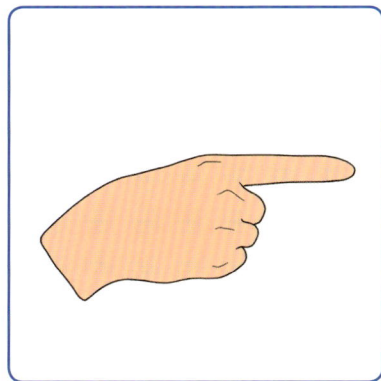

6

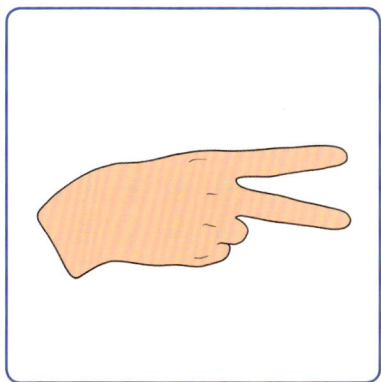

7

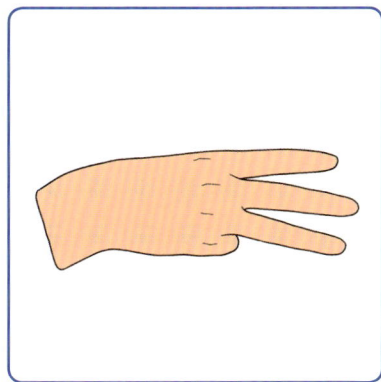

8

潜水教学手势

数字及气压手势

日常应用手势

危险状况手势

潜水环境手势

个人情绪手势

水面手势及灯光信号

其他应用手势

海洋生物手势

手势交流示例

潜水手势

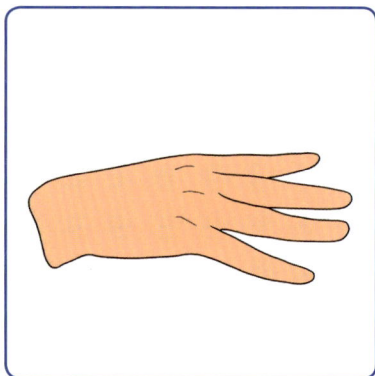

9

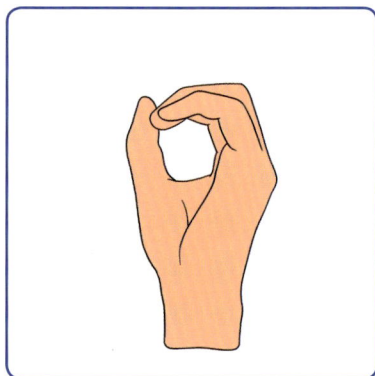

0

03

气体余量手势

注：1巴（bar）=10^{5}帕（Pa）

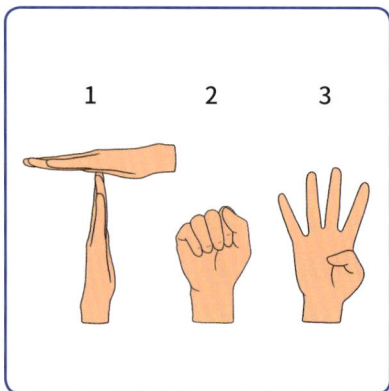

190 巴

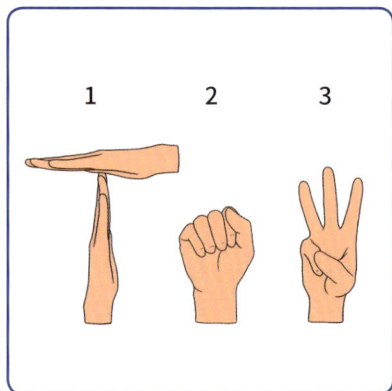

180 巴

潜水教学手势

数字及气压手势

日常应用手势

危险状况手势

潜水环境手势

个人情绪手势

水面手势及灯光信号

其他应用手势

海洋生物手势

手势交流示例

潜水手势

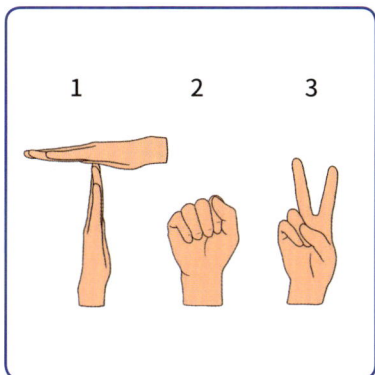

1　　2　　3

170 巴

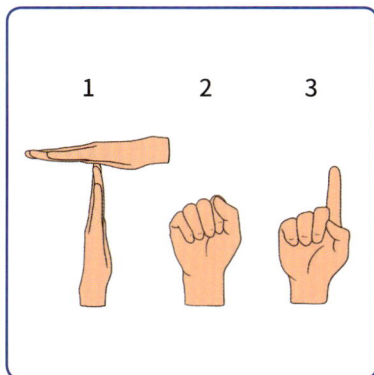

1　　2　　3

160 巴

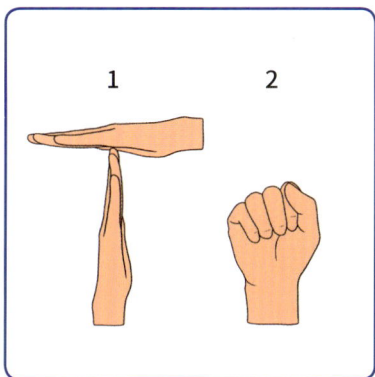

1　　2

150 巴

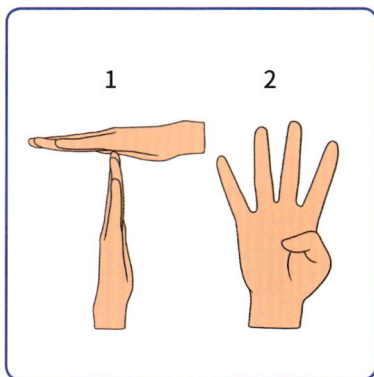

1　　2

140 巴

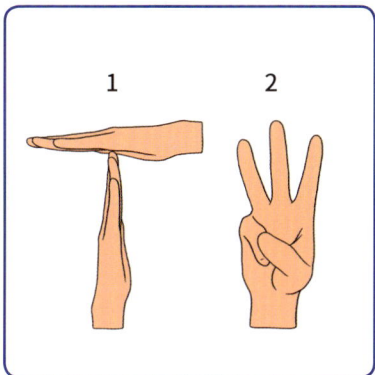

1　　2

130 巴

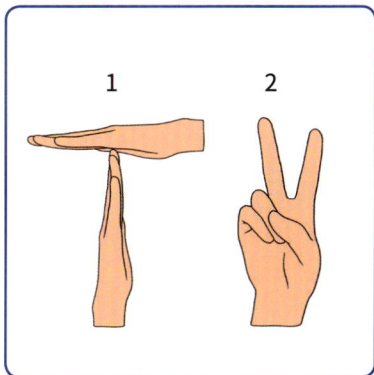

1　　2

120 巴

潜水教学手势

数字及气压手势

日常应用手势

危险状况手势

潜水环境手势

个人情绪手势

水面手势及灯光信号

其他应用手势

海洋生物手势

手势交流示例

潜水手势

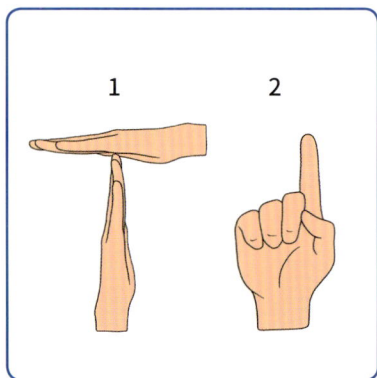

110 巴

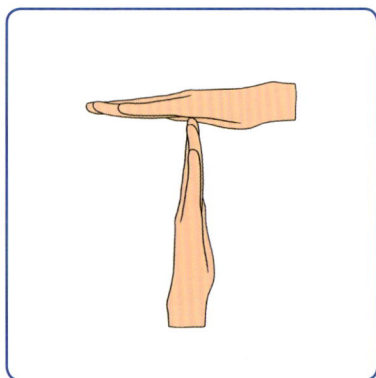

100 巴

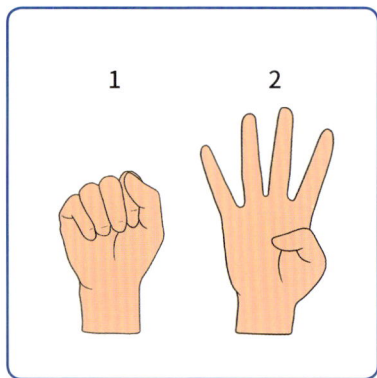

90 巴

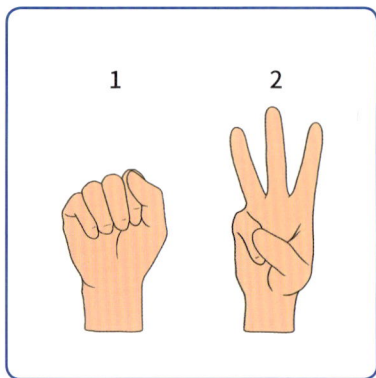

80 巴

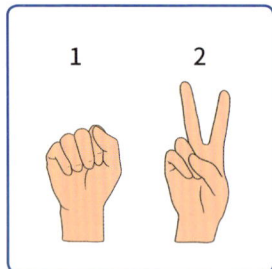

70 巴

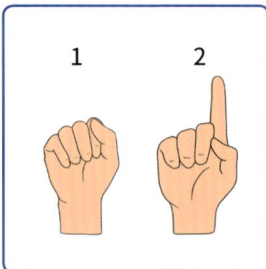

60 巴

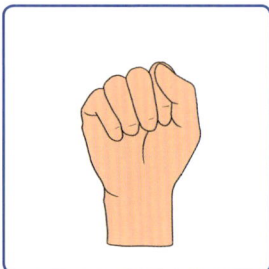

50 巴

第三章
日常应用手势

潜水教学手势

数字及气压手势

日常应用手势

危险状况手势

潜水环境手势

个人情绪手势

水面手势及灯光信号

其他应用手势

海洋生物手势

手势交流示例

01

你还好吗？（第一种）

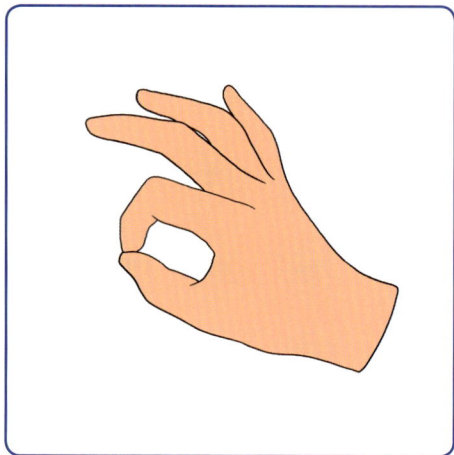

· 一只手拇指和食指指尖捏在一起成圆形，其余三指自然分开。

含义：你还好吗？

潜伴询问你是否有异常情况时，会用这个"OK"手势。

你如果无异常情况就以常用的"OK"手势回应，或者用其他手势说明问题。

02

你还好吗？（第二种）

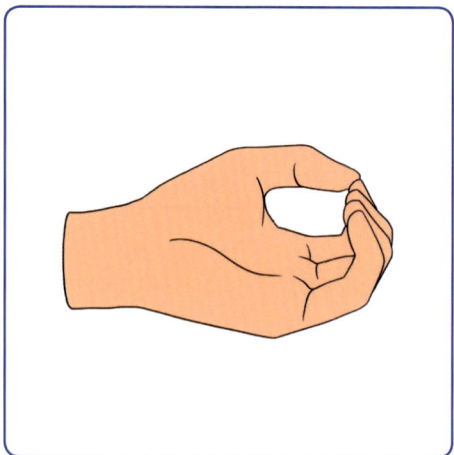

· 一只手拇指与其余四指指尖相对成圆形。

含义：你还好吗？

戴着较厚的手套时，有时无法用上面常用的第一种手势表达"你还好吗？"，你就可用这个手势表达。

潜水教学手势

数字及气压手势

日常应用手势

危险状况手势

潜水环境手势

个人情绪手势

水面手势及灯光信号

其他应用手势

海洋生物手势

手势交流示例

03
请停止

· 一只手五指并拢，手指朝上，手掌朝外自然伸出。

含义：**请停止**。

你的潜伴发现你可能即将遭遇危险却不自知时，会向你做出这个手势。当你看到这个手势时，无论你正在做什么，请立刻停下来。

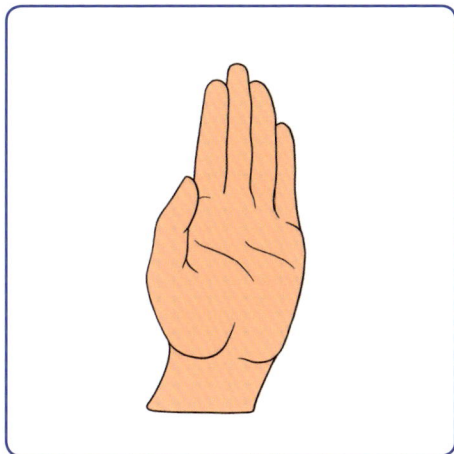

04
大的或大幅度的

· 双臂向两侧展开，双手手掌朝内。

含义：**大的或大幅度的**。

用这个手势可以表达某个东西很大或某个动作幅度很大等。

19

05

小的或小幅度的

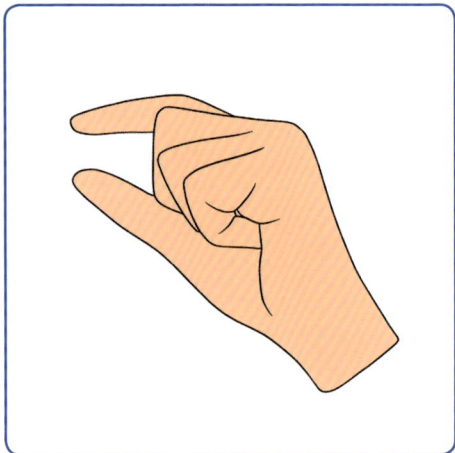

· 一只手拇指和食指伸出并微微靠近，其余三指向掌心屈曲。

含义：小的或小幅度的。

用这个手势可以表达某个东西很小或某个动作幅度很小等。

这个手势可以与其他手势结合使用，比如与"充气"手势（1–14）结合使用，意为"少量充气"。

06

疑问

· 一只手食指伸出，自然屈曲，其余四指向掌心屈曲。

含义：对某事有疑问。

你想向你的潜伴提问时，可以用这个手势。

例如，你可以将这个手势用于"不适"手势（4–02）后，询问你的潜伴是否感到不适。

潜水手势

潜水教学手势

数字及气压手势

日常应用手势

危险状况手势

潜水环境手势

个人情绪手势

水面手势及灯光信号

其他应用手势

海洋生物手势

手势交流示例

07
是

· 点头。

含义：是。

点头表示肯定。

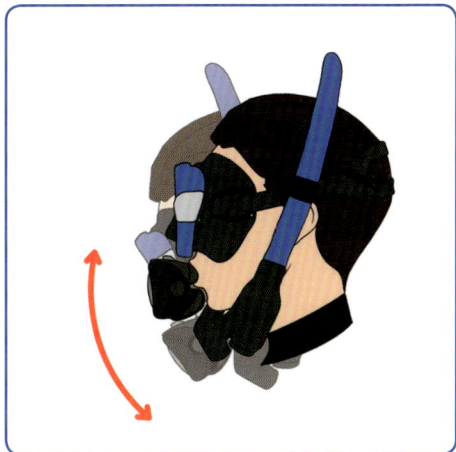

08
否

· 摇头。

含义：否。

摇头表示否定。

潜水教学手势

数字及气压手势

日常应用手势

危险状况手势

潜水环境手势

个人情绪手势

水面手势及灯光信号

其他应用手势

海洋生物手势

手势交流示例

09
不知道

· 双手手掌朝上、向两侧摊开。

含义：不知道。

这个手势表示不知道、不理解或不明白。

10
记住或想一想

· 一只手食指指向头部并多次重复。

含义："请你记住"或"我需要想一想"。

你的潜伴希望你记住某件事时，就会用这个手势提醒你。

这个手势也表示"我需要想一想，请等一等"。

潜水手势

11
不要

• 一只手食指向上伸出，手左右摆动。

含义：请不要做某事。

你发现你的潜伴即将或已经做出了某些错误举动时，可以用这个手势提醒他。

例如，你可以将这个手势用于"开灯"手势（7–06）后，提醒你的潜伴不要用闪光灯。

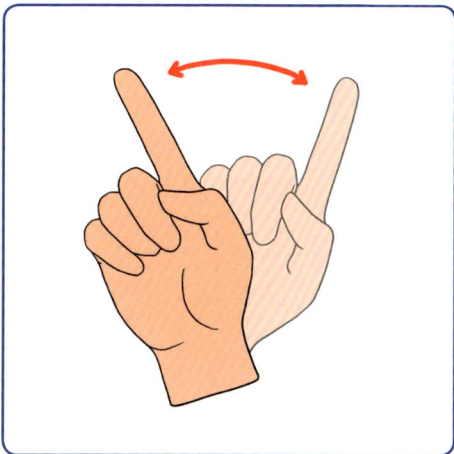

12
别摸

• 一只手做出"不要"手势（3–11）后，食指和中指并拢，在另一只手并拢的食指和中指上上下滑动。

含义：别摸。

你的潜伴想表达"别摸"的意思时，会做出这个手势。

除非必要，不建议在水下触摸任何物体。

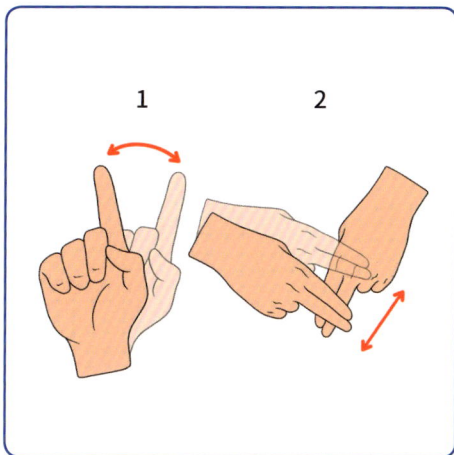

1   2

13
丢掉

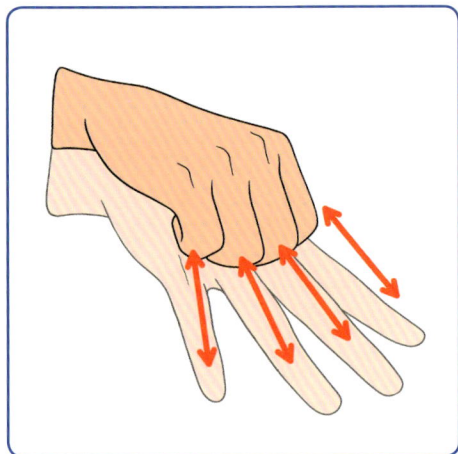

- 一只手握拳后松开，并多次重复。

含义：丢掉。

你的潜伴想让你丢掉某个东西时，会用这个手势告诉你。

14
写下来

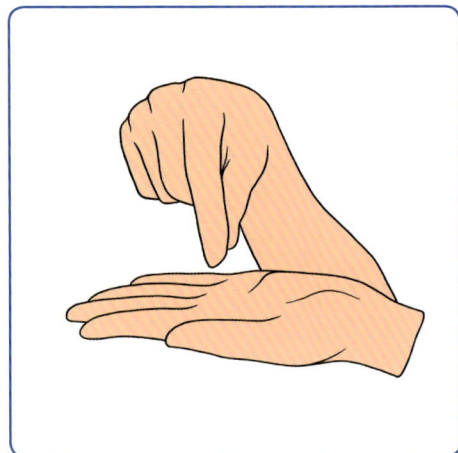

- 一只手手掌朝上，另一只手在其上做出写字的动作。

含义：写下来。

你的潜伴希望用潜水写字板交流时，会用这个手势告诉你。

当讨论复杂问题时，写字比用手势交流效率高得多。

潜水教学手势

数字及气压手势

日常应用手势

危险状况手势

潜水环境手势

个人情绪手势

水面手势及灯光信号

其他应用手势

海洋生物手势

手势交流示例

15
下潜

• 一只手拇指向下伸直，其余
  四指向掌心屈曲。

含义：**准备或继续下潜。**

你的潜伴在水面准备下
潜时，会以此手势提醒你准
备下潜。你如果已做好准备，
则以相同的手势回应。

在水中，你的潜伴如果
决定继续下潜，也会用此手
势提醒你。

16
下潜至指定深度

• 一只手拇指向下伸直，其余
  四指向掌心屈曲；大拇指对
  着另一只手向上的手掌。

含义：**下潜至指定深度。**

你的潜伴做出此手势，
意味着你应该缓慢下潜至此
次潜水计划的深度。

如果潜水前没有制订潜
水计划，潜伴做出此手势就
意味着你应该下潜至团队成
员所在的深度。

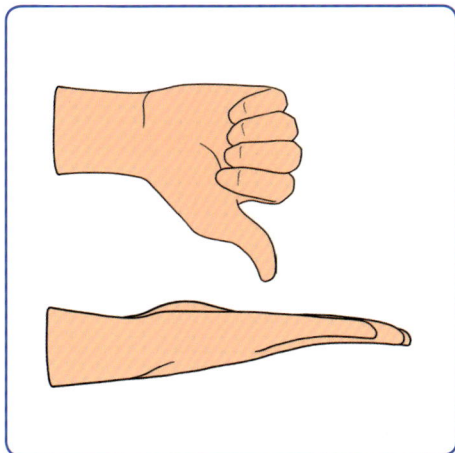

17
上升

- 一只手拇指向上伸出，其余四指向掌心屈曲。

含义：准备上升。

你的潜伴在水中准备上升时，会用此手势提醒你。

此时你如果也准备好上升，则以相同的手势回应。

18
上升至指定深度

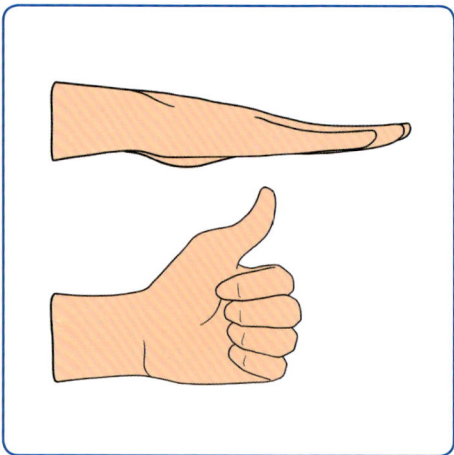

- 一只手拇指向上伸出，其余四指向掌心屈曲；拇指对着另一只手向下的手掌。

含义：上升至指定深度。

你的潜伴做出此手势，意味着你应该缓慢上升至此次潜水计划的深度。

如果潜水前没有制订潜水计划，潜伴做出此手势就意味着你应该上升至团队成员所在的深度。

19
保持深度

· 一只手向前伸出，手掌向下，左右水平摆动。

含义：**保持深度。**

你的潜伴会用这个手势提醒你待在此次潜水计划的深度，保持这个深度不变。

如果事先没有确定潜水深度，潜伴做出这个手势是提醒你要与潜伴保持相同的深度。

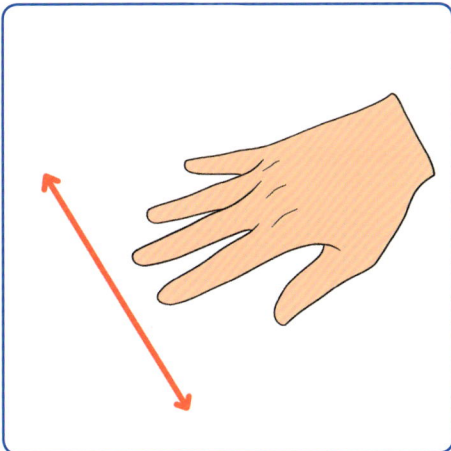

20
注意配重

· 双手指向或摸配重。

含义：**注意配重。**

你的潜伴想表达注意配重的意思时，会用这个手势。

当你的配重过重、过轻或需要调整位置时，潜伴会用这个手势提醒你。表达配重过重或过轻时可以辅以表示大小的手势。

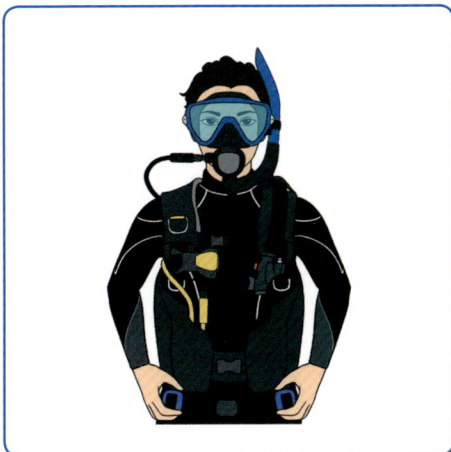

潜水教学手势

数字及气压手势

日常应用手势

危险状况手势

潜水环境手势

个人情绪手势

水面手势及灯光信号

其他应用手势

海洋生物手势

手势交流示例

21
过来

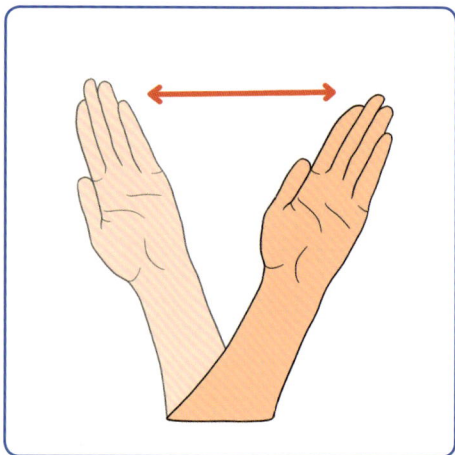

- 一只手手掌前后挥动，就像我们平时招手让某人过来一样。

含义：**请过来。**

你的潜伴希望你离得更近一些时，会做出这个手势。

之后，你的潜伴通常会指着一些景物让你观赏。

22
手拉手

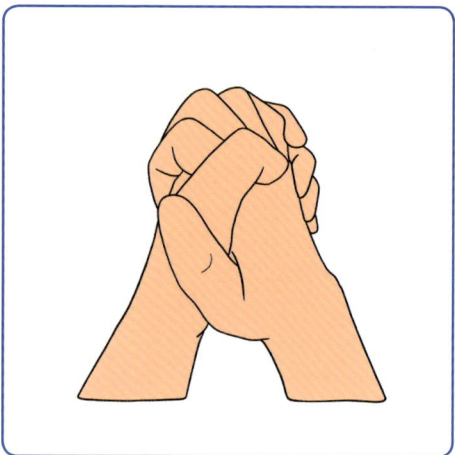

- 双手十指交握

含义：**手拉手。**

你的潜伴发现你过于紧张或不舒服时，会用这个手势提醒你抓住他的手。

与潜伴手拉手通常会让你冷静下来。在其他情况下，如遭遇较强的水流时，你们也可以这么做。

潜水教学手势

数字及气压手势

日常应用手势

危险状况手势

潜水环境手势

个人情绪手势

水面手势及灯光信号

其他应用手势

海洋生物手势

手势交流示例

23
看

• 一只手食指和中指伸直，指向面镜。

含义：看。

你的潜伴希望你注意某些景物时，会做出这个手势提醒你观察。

你的潜伴做这个手势时通常会搭配表示方向的手势。

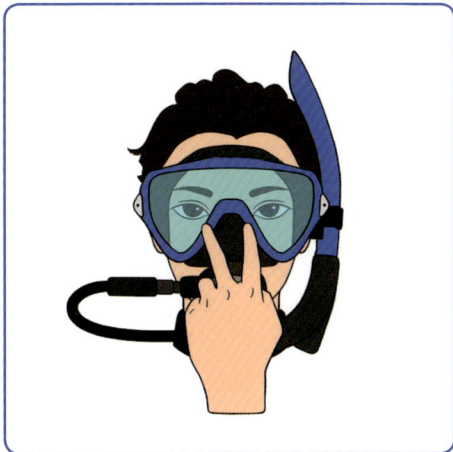

24
这里

• 一只手食指伸直并指向前方，其余四指向掌心屈曲。

含义：这里。

你的潜伴会用这个手势提醒你"这里有东西"。

"这里"手势与"向这边走"手势（3-27）不同。前者指示方位的手指为食指，后者指示方位的手指为拇指。

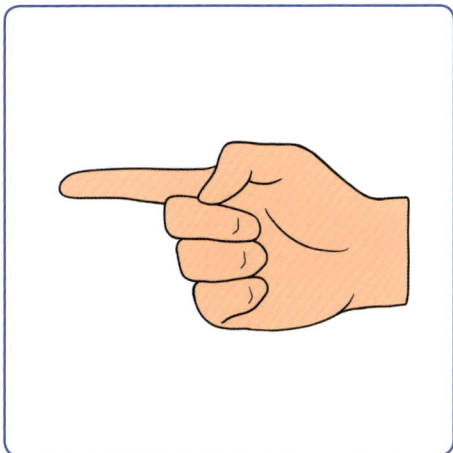

潜水教学手势

数字及气压手势

日常应用手势

危险状况手势

潜水环境手势

个人情绪手势

水面手势及灯光信号

其他应用手势

海洋生物手势

手势交流示例

🤚潜水手势👀

25
我

• 一只手食指指向自己。

含义：我。

你的潜伴想在交流中表示"我"时，就会做出这个手势。

这个手势通常和其他手势组合使用。例如，你可以在"我"手势后做"不知道"手势（3-09）。

26
向哪边走？

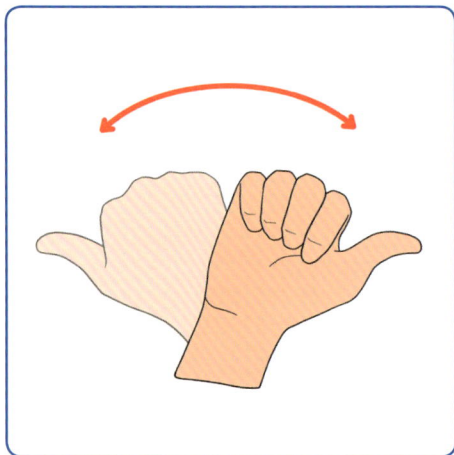

• 一只手拇指伸直，其余四指向掌心屈曲，手左右转动。

含义：向哪边走？

你的潜伴会用这个手势问你向哪个方向前进。

你可以用"向这边走"手势（3-27）或其他表示方向的手势回答，或者干脆告诉你的潜伴"你来决定"（3-28）。

27
向这边走

· 一只手拇指伸直，其余四指向掌心屈曲，拇指指向前进的方向。

含义：向这边走。

你的潜伴会用这个手势为你指出前进的方向。

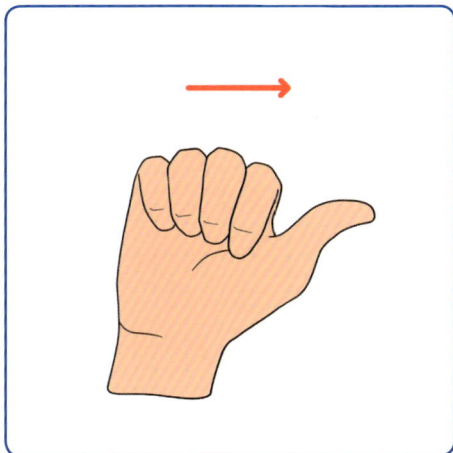

28
你来决定

· 一只手中间三指伸直，拇指和小指屈曲，手放在对侧肩膀上。

含义：你来决定。

你的潜伴想让你带领潜水团队或想听从你的建议时，会用这个手势告诉你。

潜水教学手势

数字及气压手势

日常应用手势

危险状况手势

潜水环境手势

个人情绪手势

水面手势及灯光信号

其他应用手势

海洋生物手势

手势交流示例

🖐潜水手势

29

你带路，我跟着你

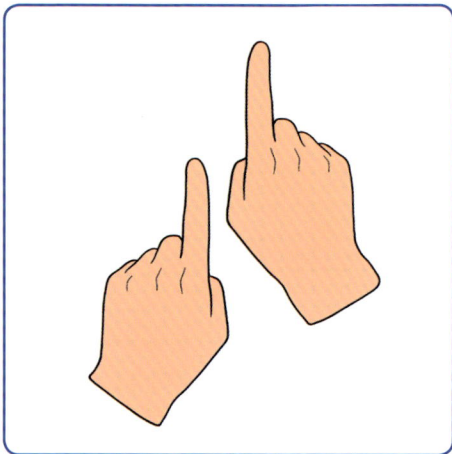

· 双手食指伸直朝前，并一前
一后。

含义：你带路，我跟着你。

你的潜伴希望你带路时，
会用这个手势告诉你。

30

掉头或返回

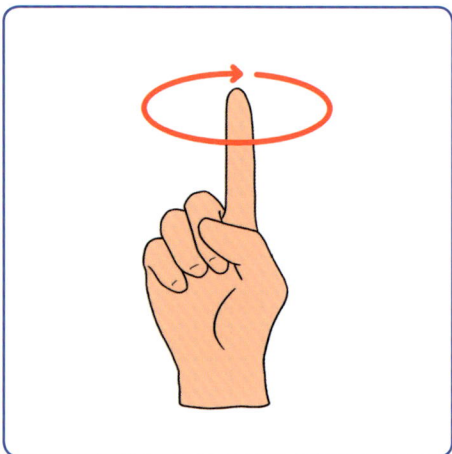

· 一只手食指向上伸直并转动。

含义：掉头或返回。

你的潜伴决定掉头时，会
用这个手势告诉你。通常这个
手势意味着潜水即将结束。

在制订潜水计划时，应
该严格遵循"预留 50 巴气体"
原则或其他更安全的气体管
控原则。

潜水教学手势

数字及气压手势

日常应用手势

危险状况手势

潜水环境手势

个人情绪手势

水面手势及灯光信号

其他应用手势

海洋生物手势

手势交流示例

31
请导航

- 一只手手掌向上，另一只手手掌垂直放在其上。

含义：请导航。

你的潜伴希望你在水中导航时，就会用这个手势告诉你。

潜水时通常有用罗盘导航和根据参照物等进行自然导航两种方式。

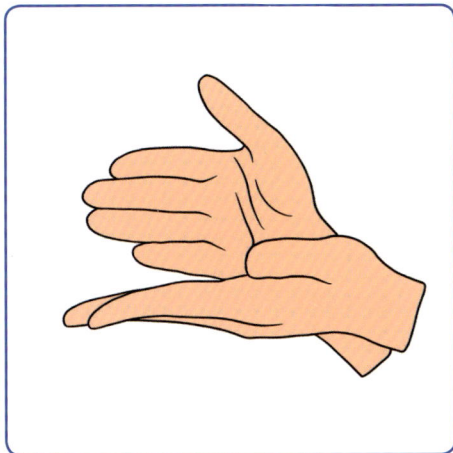

32
从上方越过

- 一只手手掌向下，从下向上做弧线运动。

含义：从上方越过。

当遇到障碍物时，你的潜伴会用这个手势告诉你从障碍物上方越过。

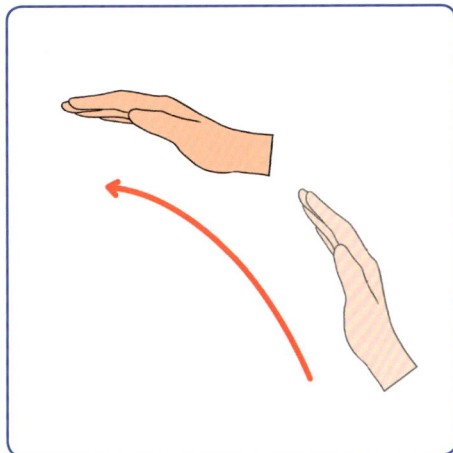

潜水教学手势

数字及气压手势

日常应用手势

危险状况手势

潜水环境手势

个人情绪手势

水面手势及灯光信号

其他应用手势

海洋生物手势

手势交流示例

潜水手势

33
从中间穿过

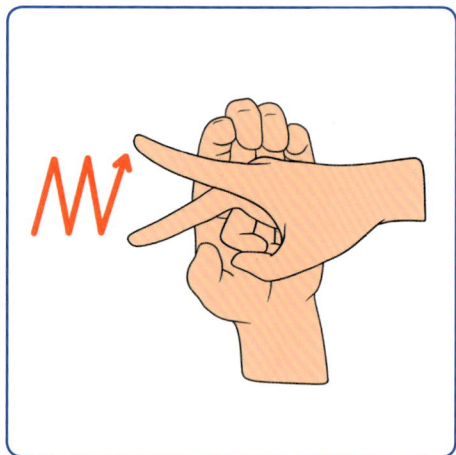

· 一只手半握拳，另一只手做出"踢动脚蹼"手势 (1-13)。

含义：从中间穿过。

你的潜伴想让你从障碍物中间穿过时，会用这个手势告诉你。

34
从下方潜过

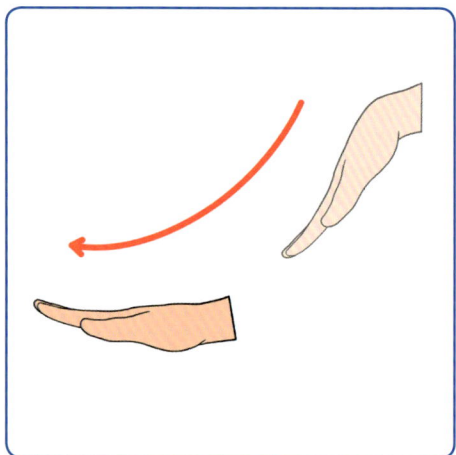

· 一只手手掌向下，从上向下做弧线运动。

含义：从下方潜过。

当遇到障碍物时，你的潜伴会用这个手势告诉你从障碍物下方潜过。

35
放松或慢一些

- 一只手五指分开，缓慢地上下移动。

含义：放松或慢一些。

你的潜伴发现你过于紧张或疲惫时，会用这个手势提醒你放松。

当你的动作过于急促时，你的潜伴也会向你做出这个手势。此时你应该慢下来，深呼吸，视情况继续或终止潜水。

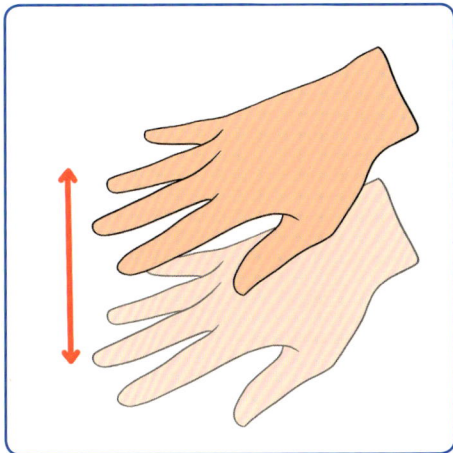

36
快一些

- 一只手五指向上，指尖并拢，画圈。

含义：快一些。

你的潜伴希望你快些前进时，会用这个手势提醒你。尽管休闲潜水的前进速度应该缓慢，但在某些场合，前进速度有必要快一些。

切记，永远不要追逐海洋生物。

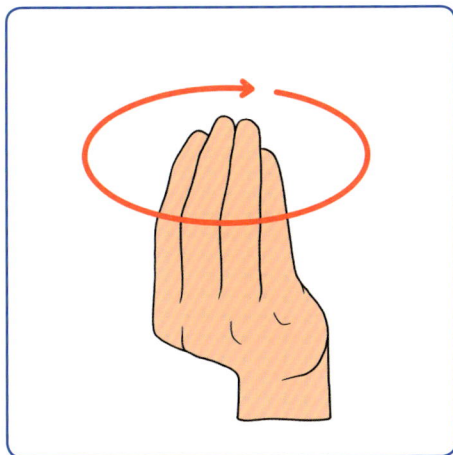

潜水教学手势

数字及气压手势

日常应用手势

危险状况手势

潜水环境手势

个人情绪手势

水面手势及灯光信号

其他应用手势

海洋生物手势

手势交流示例

37
船

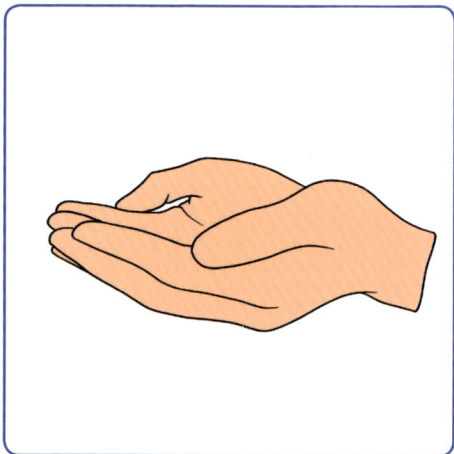

· 双手手掌向上，小指靠在一起。

含义：船。

当你们上方的水面有船只经过时，你的潜伴会用这个手势提醒你。

如果在船只经过时上升，螺旋桨可能会对你们造成致命伤害。请保证自己的安全。

这个手势和"掉头或返回"手势（3–30）连用代表"返回潜船"。

38
沉船

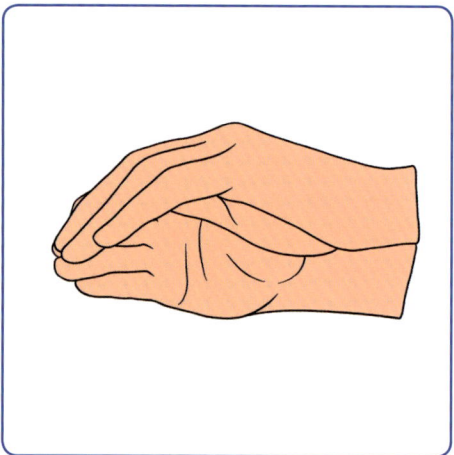

· 双手手掌向下，拇指靠在一起。

含义：沉船。

任何未经专业训练的潜水员都不得进入封闭的沉船，否则会面临致命危险！

潜水教学手势

数字及气压手势

日常应用手势

危险状况手势

潜水环境手势

个人情绪手势

水面手势及灯光信号

其他应用手势

海洋生物手势

手势交流示例

39
施放象拔

- 一只手五指指尖并拢，在向上移动的过程中五指分开。

含义：施放象拔。

你的潜伴希望你施放象拔（水面充气信号装置）时，会用这个手势告诉你。

在潜水结束前施放一根象拔，可减小在上升过程中被船只撞击的概率。

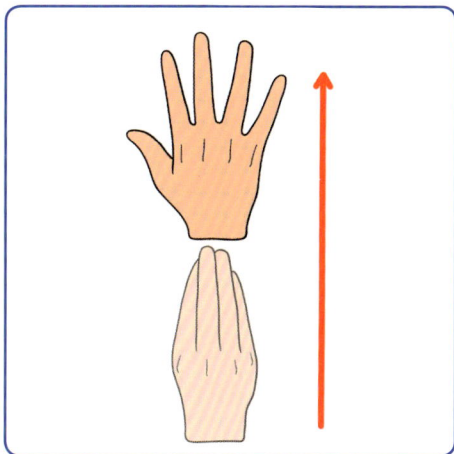

40
执行安全停留

- 一只手五指分开，手掌向下；另一只手在下方，中间三指向上伸直，指向上方的手掌。

含义：执行安全停留。

你的潜伴可以用这个手势提醒你执行安全停留。

通常建议免减压潜水在水下 5 米处执行至少 3 分钟的停留，以降低减压病的发病率。

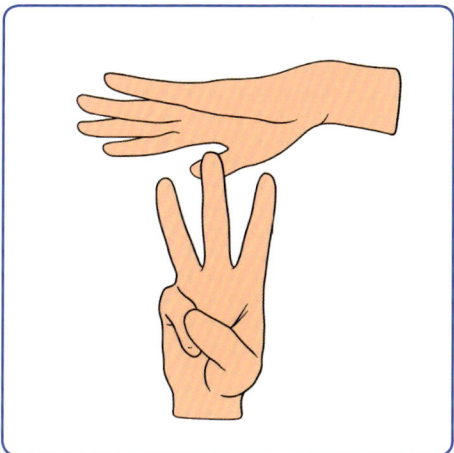

41

位于顶部或分阶段停留深度

- 一只手手掌向下，平放在头顶上方。

含义：位于顶部或分阶段停留深度（潜水的各阶段可上升的最大深度）。

你的潜伴可能会用此手势表示已位于或已到达某处的顶部或分阶段停留深度。

第四章

危险状况手势

潜水教学手势

数字及气压手势

日常应用手势

危险状况手势

潜水环境手势

个人情绪手势

水面手势及灯光信号

其他应用手势

海洋生物手势

手势交流示例

👋潜水手势 🕶

01
有问题

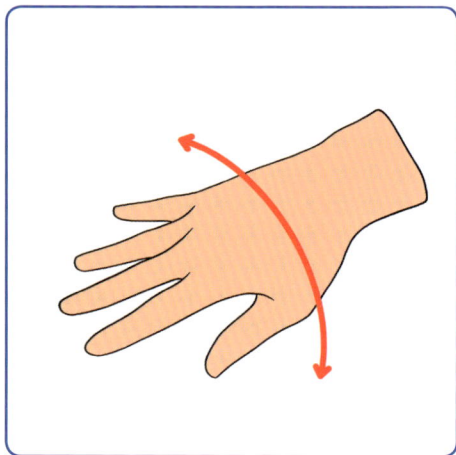

· 一只手五指分开，手掌左右摆动。

含义：有问题。

你的潜伴发现任何问题时都可能做出此手势向你求助。你应询问具体的问题，并决定是否终止潜水。

此手势可以与其他手势搭配使用，你如果忘记了其他手势，可以做出此手势后再指向有问题的部位，你的潜伴会理解的。

02
不适

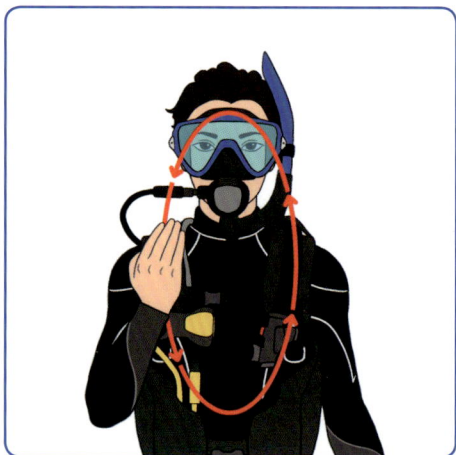

· 一只手手掌向内，在身体前方呈椭圆形转动。

含义：不适。

你的潜伴感觉身体不适时，会做出这个手势向你求助。你应当重视，并视情况决定是否终止潜水。

03
无法平衡耳压

· 一只手做出"有问题"手势
（4-01）后，食指指向耳朵。

含义：无法平衡耳压。

你的潜伴无法平衡耳压时，会做出这个手势告诉你。你应该停止下潜，待你的潜伴耳压平衡后再继续下潜。

做平衡耳压的动作时请勿用力，剧烈的动作可能会导致耳朵受伤。

04
面镜损坏、进水

· 一只手做出"有问题"手势
（4-01）后，食指从面镜下方移至面镜上方。

含义：面镜损坏、进水。

你的潜伴面镜损坏、进水后，会做出这个手势，寻求你的帮助。此时你应该靠近你的潜伴，准备提供帮助。

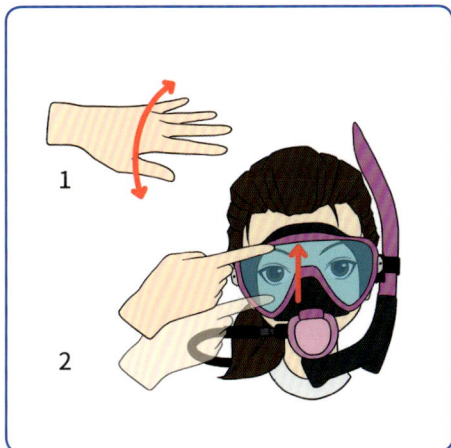

05
面镜起雾

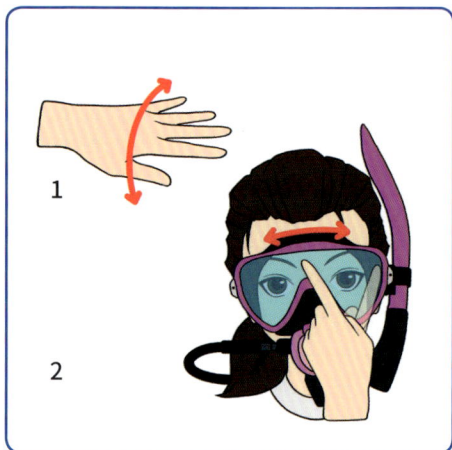

- 一只手做出"有问题"手势（4-01）后，食指在面镜前左右移动。

含义：面镜起雾。

你的潜伴发现面镜起雾时，会做出这个手势。如果无法成功除雾，请终止潜水。

潜水前可尝试多种方法，如涂抹唾液、使用面镜除雾喷剂等避免面镜起雾。

06
装备大量漏气

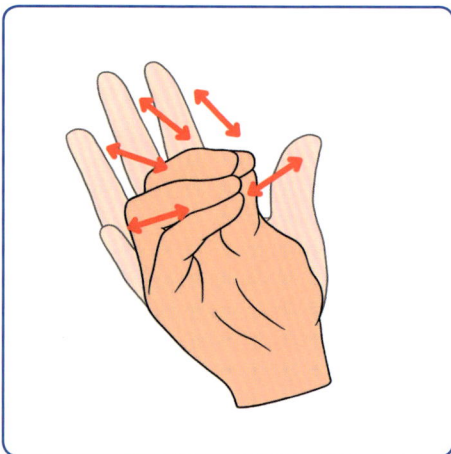

- 一只手掌心向上，五指指尖并拢，然后快速张开，重复多次。

含义：装备大量漏气。

你的潜伴发现你的装备正大量漏气时，会做出这个手势提醒你。此时你应该立即确认你的气体余量并靠近你的潜伴，寻求帮助，然后立刻终止潜水。

07
装备少量漏气

· 一只手中指、无名指和小指
  向掌心屈曲，拇指与食指快
  速触碰后再分开，重复多次。

含义：装备少量漏气。

你的潜伴发现你的装备
少量漏气时，会做出这个手势
提醒你。此时你应该立刻靠近
你的潜伴，评估情况后决定是
否继续潜水。如果漏气部位在
管线的表面，要立即终止潜水。
管线漏气通常意味着管线可
能即将破裂。

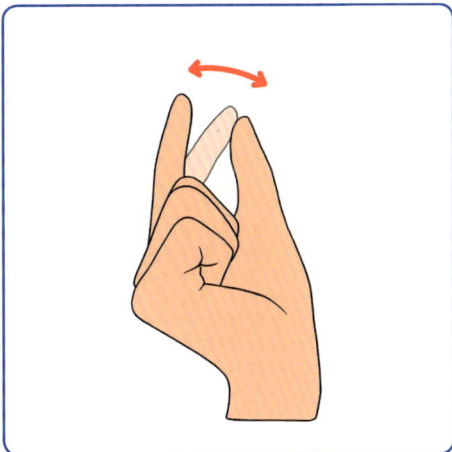

08
气体余量不足

· 一只手握拳，放于胸口。

含义：气体余量不足。

你的潜伴气体余量小于
或等于安全余量时，会做出
这个手势告知你。此时应该
立刻终止潜水，以保守、安
全的速率上升，并执行安全
停留。

每次潜水都应预留出足
够的气体，气体余量不能低
于 50 巴。

09
气体已耗尽

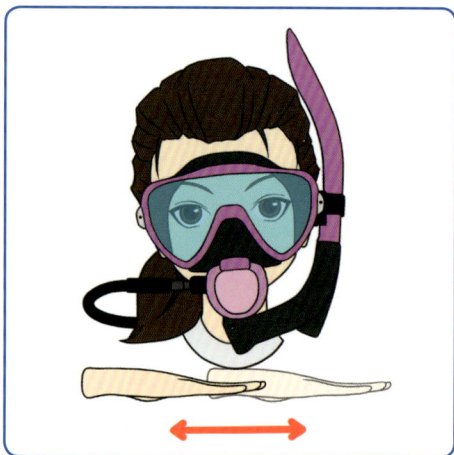

- 一只手手掌向下，在脖颈处快速左右平移。

含义：**气体已耗尽。**

你的潜伴气体耗尽时，会做出这个手势告诉你，寻求你的帮助。

此时你应该立刻与潜伴分享你的备用气源，终止潜水，以保守、安全的速率上升。如果气体还够用的话，要执行安全停留。

10
请给我气体

- 一只手手掌向内，五指并拢，指尖反复指向呼吸调节器。

含义：**请给我气体。**

你的潜伴因气体耗尽或装备出现故障导致无法呼吸时，会做出这个手势寻求你的帮助。

此时你应该立刻与潜伴分享你的备用气源，并利用备用气源上升。

潜水教学手势

数字及气压手势

日常应用手势

危险状况手势

潜水环境手势

个人情绪手势

水面手势及灯光信号

其他应用手势

海洋生物手势

手势交流示例

11
那边有危险

· 一只手握拳并伸出，指向危险来源。

含义：那边有危险。

你的潜伴发现某处有危险（如危险生物）时，会做出这个手势告诉你。

潜水员可以用这个手势指出存在危险的具体方位，从而更好地提醒潜伴。

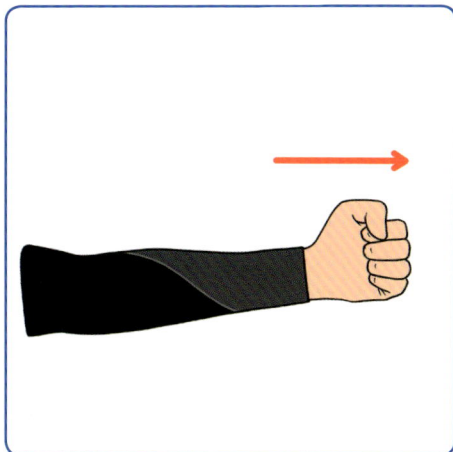

12
可能有危险

· 双手握拳，双臂在胸前交叉。

含义：可能有危险。

这个手势表达的是可能遭遇危险，如进入危险生物出没的海域。

当你的潜伴提醒你此处可能存在危险时，你应集中精神，提高警惕，避免可能发生的危险。

45

13
安全

· 双手握拳，双臂在胸前交叉后再向两侧分开。

含义：安全。

当（存在的或可能的）危险情况结束后，你的潜伴会用这个手势告诉你。

14
寒冷

· 双臂在胸前交叉，双手抱肩。

含义：感到寒冷。

你的潜伴觉得寒冷时，会做出这个手势告诉你。你应该立刻靠近潜伴，并终止潜水。

寒冷会导致潜水员反应迟钝，增加潜水的风险。如果感到寒冷，请立刻终止潜水。

潜水教学手势

数字及气压手势

日常应用手势

危险状况手势

潜水环境手势

个人情绪手势

水面手势及灯光信号

其他应用手势

海洋生物手势

手势交流示例

15
恶心

· 一只手做出"有问题"手势（4-01）后，手背贴在额头。

含义：感到恶心。

你的潜伴感到恶心时，会向你做出这个手势。你应该靠近潜伴，并做好与潜伴分享气源的准备。多数情况下，感到恶心时应该立刻终止潜水。

呕吐时应该吐在呼吸调节器中，以免呛水。通过按压排气钮，可以清除呼吸调节器中残留的呕吐物。

16
筋疲力尽

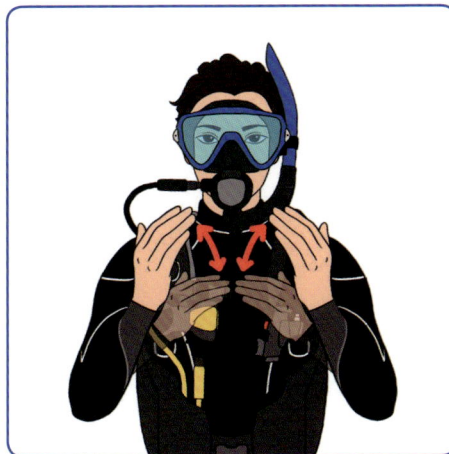

· 双手手掌向下，在胸前上下移动。

含义：感到筋疲力尽。

你的潜伴感到筋疲力尽时，会做出这个手势向你寻求帮助，你应该立刻提供帮助。

在水下感到疲劳时，请停止做任何动作，并缓慢而规律地呼吸。疲劳可能导致抽筋或其他严重问题。

潜水教学手势

数字及气压手势

日常应用手势

危险状况手势

潜水环境手势

个人情绪手势

水面手势及灯光信号

其他应用手势

海洋生物手势

手势交流示例

🖐潜水手势

17
眩晕或失去平衡

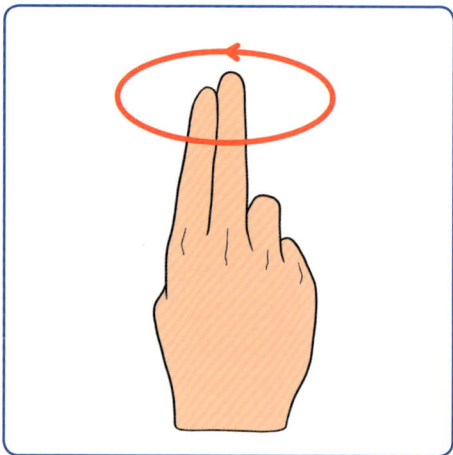

- 一只手食指和中指并拢，向上伸直并画圈。

含义：眩晕或失去平衡。

当你的潜伴眩晕或失去平衡时，会做出这个手势向你寻求帮助。你应该立刻提供帮助并终止潜水，然后寻求专业人士的帮助。

潜水时，在上升过程中可能因压力改变而导致眩晕。

18
发生氮醉

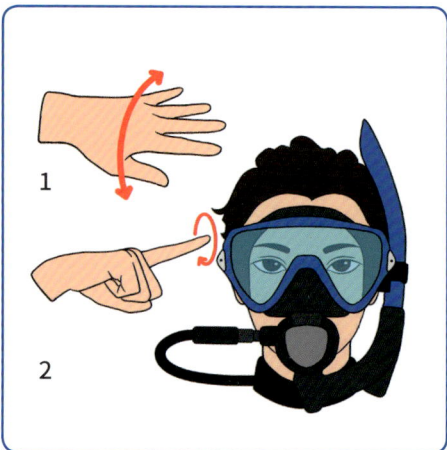

- 一只手做出"有问题"手势（4-01）后，食指在头侧画圈。

含义：发生氮醉。

当你的潜伴认为自己发生氮醉时，会做出这个手势向你寻求帮助。你应该立刻靠近你的潜伴，并提醒他缓慢上升。如果你认为潜伴可能出现了氮醉症状，也可以用此手势询问他。

缓慢上升到较浅处即可有效缓解氮醉症状。

19
有好斗的海洋生物

· 双臂在脖颈处平伸，双拳相抵。

含义：附近有好斗的海洋生物。

你的潜伴发现附近有好斗的海洋生物时，会做出这个手势提醒你注意安全。

20
被海洋生物咬伤

· 一只手做出"有问题"手势（4-01）后，其拇指和其余四指上下捏住另一只手。

含义：被海洋生物咬伤。

你的潜伴被海洋生物咬伤后，会做出这个手势向你求助。你应该立刻靠近潜伴为他提供帮助，并终止潜水。

一旦被海洋生物咬伤，应该尽量记住生物的种类，潜水结束后立刻请专业人士处理伤口。

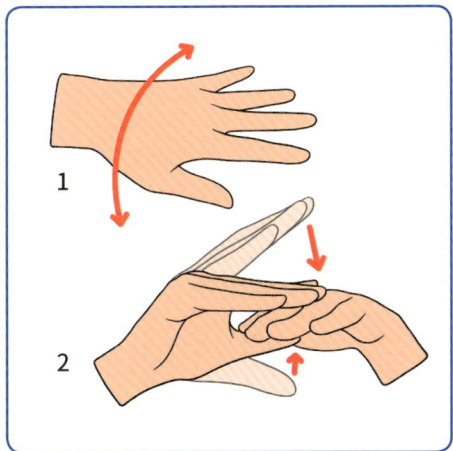

21

被海洋生物蜇伤

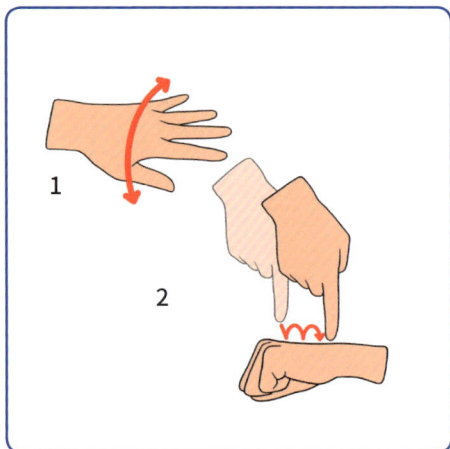

- 一只手做出"有问题"手势（4-01）后，用这只手的食指戳另一只手的手背。

含义：被海洋生物蜇伤。

你的潜伴如果被海洋生物蜇伤，会做出这个手势向你求助。你应该立刻靠近潜伴为他提供帮助，并终止潜水。

一旦被海洋生物蜇伤，应该尽量记住生物的种类，潜水结束后立刻请专业人士处理伤口。

22

发现有毒生物

- 双手食指交叉。

含义：发现有毒生物。

你的潜伴发现有毒生物时，会做出这个手势提醒你注意。

海洋生物通常不会主动攻击人类，你应该与其保持距离，并缓缓离开。

23
流血

- 两只手手掌垂直相对，一只手的手掌从另一只手的手掌上滑下。

含义：正在流血。

当你的潜伴受伤流血时，会做出这个手势向你寻求帮助。你应该立刻靠近潜伴为他提供帮助，并终止潜水。

被某些海洋生物攻击后，可能会留下严重的伤口。应尽量记住生物的种类，潜水结束后立刻寻求医生的帮助。

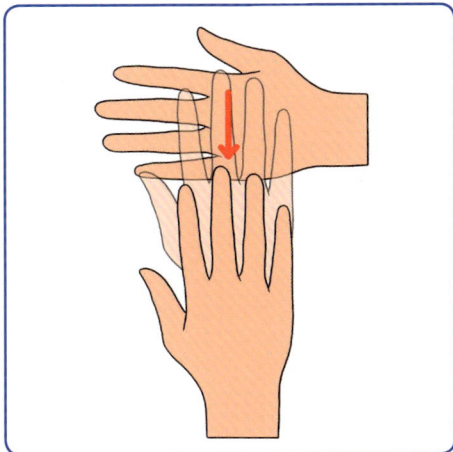

24
抽筋

- 一只手五指反复屈伸。

含义：抽筋。

当你的潜伴抽筋时，会做出这个手势向你寻求帮助。你应该立刻靠近潜伴并提供帮助。

你在帮助潜伴缓解抽筋的同时，还应该留意周围的环境，避开危险生物（如海胆）或易遭到破坏的环境（如珊瑚礁等）。

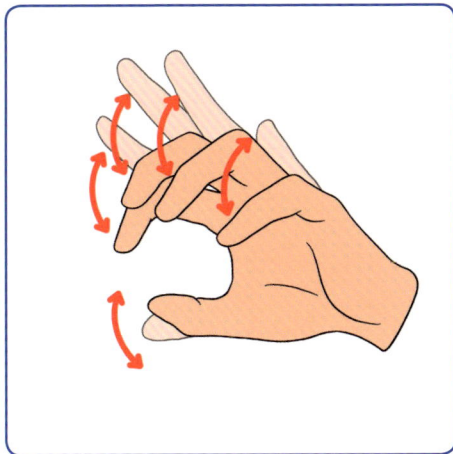

潜水教学手势
数字及气压手势
日常应用手势
危险状况手势
潜水环境手势
个人情绪手势
水面手势及灯光信号
其他应用手势
海洋生物手势
手势交流示例

潜水教学手势

数字及气压手势

日常应用手势

危险状况手势

潜水环境手势

个人情绪手势

水面手势及灯光信号

其他应用手势

海洋生物手势

手势交流示例

潜水手势

25
被卡住

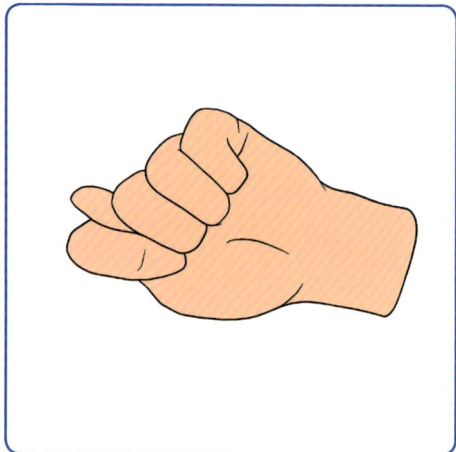

• 一只手握拳，拇指从食指和中指间伸出。

含义：被卡住。

你的潜伴被某些物体（如礁石）卡住时，会做出这个手势寻求你的帮助，你应该立刻靠近潜伴并提供帮助。

26
被缠住

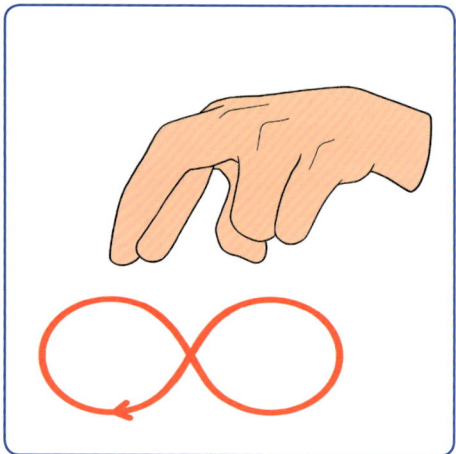

• 一只手食指和中指交叉，并向下画8字。

含义：被缠住。

你的潜伴被某些物体（如渔网、大型藻类等）缠住时，会做出这个手势寻求你的帮助，你应该立刻提供帮助。

通常在开放水域潜水时，被缠绕的概率并不高。不过，一旦遇到这种情况你就会意识到水下切割工具的重要性。

潜水教学手势

数字及气压手势

日常应用手势

危险状况手势

潜水环境手势

个人情绪手势

水面手势及灯光信号

其他应用手势

海洋生物手势

手势交流示例

27
惊恐

· 一只手手掌向内，在胸前上下移动。

含义：感到惊恐。

你的潜伴因为某些事情感到惊恐时，会做出这个手势寻求你的帮助。

潜水时，要根据自身能力制订合理的潜水计划。如果你未接受过相关救援训练，不要做超出能力范围的事。

28
请提供救援

· 一只手做出"上升"手势（3-17），另一只手托住这只手，双手一起向上移动。

含义：请提供救援。

你的潜伴发现遇难潜水员时，会做出这个手势告诉你即将开始救援，或请求你提供救援。

水中救援需要经过专业的训练，如果你没有受过相关训练，请不要贸然施救，否则会增加潜水风险。

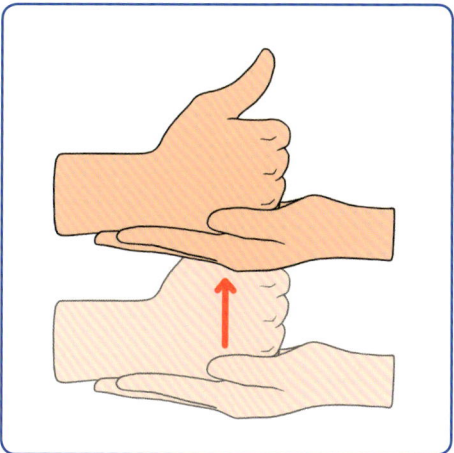

潜水教学手势

数字及气压手势

日常应用手势

危险状况手势

潜水环境手势

个人情绪手势

水面手势及灯光信号

其他应用手势

海洋生物手势

手势交流示例

29

能见度较低或有扬沙

· 双手捂住面镜。

含义：能见度较低或有扬沙。

当能见度较低或有扬沙时，你的潜伴会做出这个手势提醒你。

此时你应紧跟潜伴，避免与潜伴走散。如果不幸走散，请执行潜伴走散程序。

30

迷路或与潜伴走散

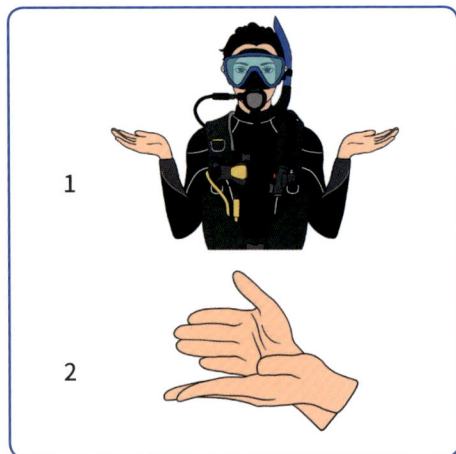

1

2

· 先做出"不知道"手势（3-09），然后做出"请导航"手势（3-31）。

含义：迷路了或与潜伴走散了。

你的潜伴迷路了或与其他潜水员走散时，会做出这个手势向你寻求帮助。如果你记得回去的路，就带领潜伴脱困。否则，请上升至水面并终止潜水。如果与潜伴走散，请执行潜伴走散程序。

潜水教学手势

数字及气压手势

日常应用手势

危险状况手势

潜水环境手势

个人情绪手势

水面手势及灯光信号

其他应用手势

海洋生物手势

手势交流示例

31
搜索

- 一只手的食指和中指向上伸直，在面镜前画圈。

含义：搜索。

你的潜伴在寻找什么东西时，会用这个手势提醒你。

你的潜伴也许在找海洋大货，也许在找走散的其他潜水员。

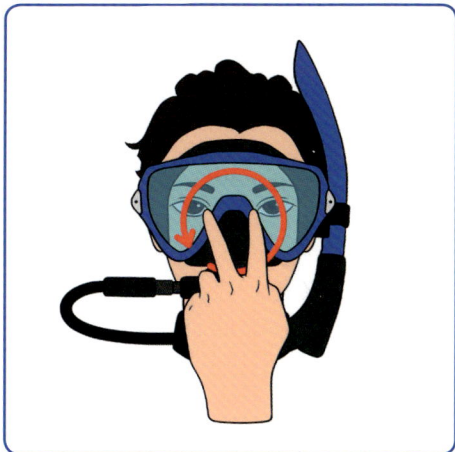

32
执行减压停留

- 一只手的小指向上伸直，其余四指向掌心屈曲。

含义：执行减压停留。

你的潜伴不慎超出免减压时间极限时，会做出这个手势告知你他需要执行减压停留。请根据电脑表读数执行相应的减压停留。

进行减压潜水需要经过特殊的训练，在休闲潜水中请尽量避免超出免减压时间极限。

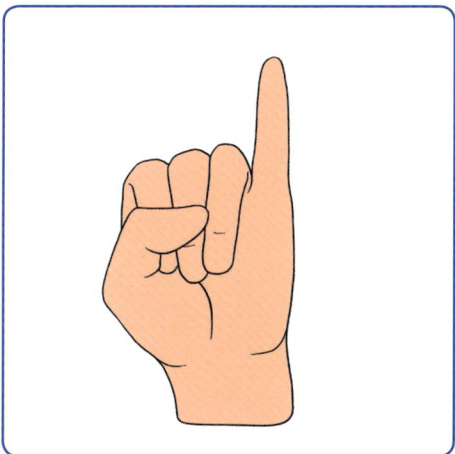

第五章

潜水环境手势

01
水流强度

· 一只手手指与手背成 90°角，用手指戳另一只手（五指并拢向上伸直）的手掌。

含义：水流强度。

你的潜伴想表达水流强度时，会做出这个手势。在潜水前一定要考虑本次潜水水流的强度，如果无法应付较强的水流，就应该终止潜水。

一只手的手指戳另一只手掌的动作幅度大小代表水流的强度大小。

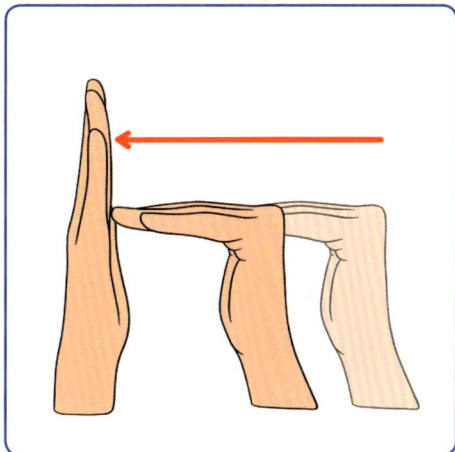

02
较浅的

· 一只手五指并拢伸直，手臂倾斜；用另一只手的食指指向对侧手的前端。

含义：较浅的。

你的潜伴表达物体在较浅的地方时，会做出这个手势。

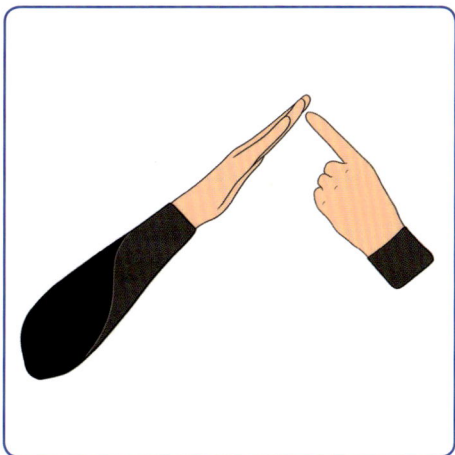

潜水教学手势

数字及气压手势

日常应用手势

危险状况手势

潜水环境手势

个人情绪手势

水面手势及灯光信号

其他应用手势

海洋生物手势

手势交流示例

03
较深的

- 一只手五指并拢伸直，手臂倾斜；用另一只手的食指指向对侧肘部。

含义：较深的。

你的潜伴表达物体在较深的地方时，会做出这个手势。

04
温度

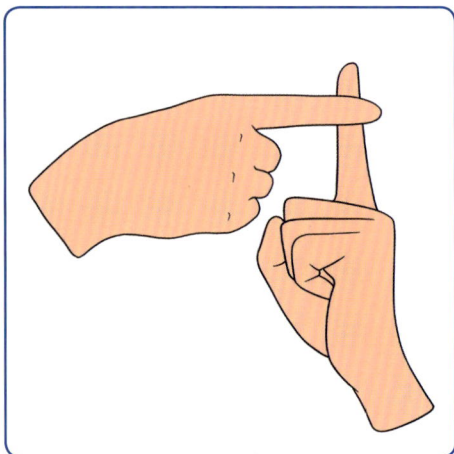

- 一只手的食指向上伸直，另一只手的食指与其接触并成90°角。

含义：温度。

你的潜伴表达温度的意思时，会做出这个手势。

05
水温上升

- 一只手的食指贴住另一只手的食指指根，然后移向指尖。

含义：水温上升。

你的潜伴表达水温上升时，会做出这个手势。

很多因素会导致水温变化，如潜水深度和水流强度的改变、穿越温跃层等。

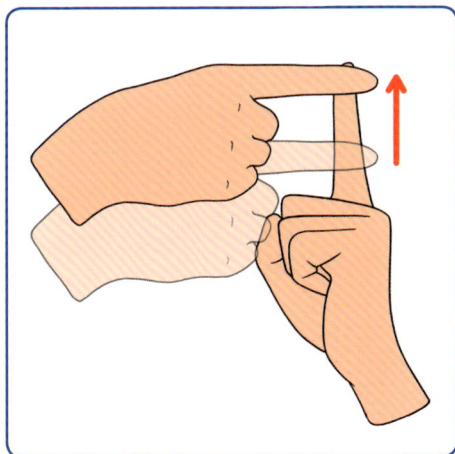

06
水温下降

- 一只手的食指贴住另一只手的食指指尖，然后移向指根。

含义：水温下降。

你的潜伴表达水温下降时，会做出这个手势。

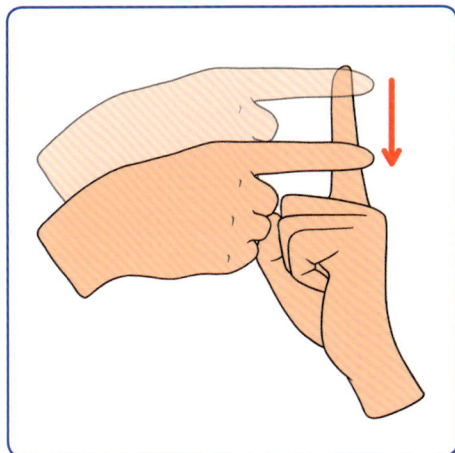

潜水教学手势

数字及气压手势

日常应用手势

危险状况手势

潜水环境手势

个人情绪手势

水面手势及灯光信号

其他应用手势

海洋生物手势

手势交流示例

07

温跃层

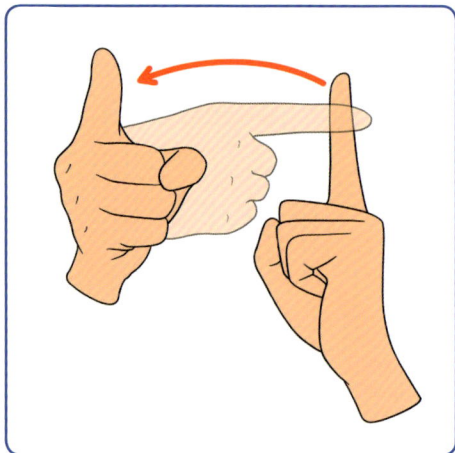

- 一只手的食指快速敲击另一只手的食指。

含义：温跃层。

你的潜伴表达温跃层的意思时，会做出这个手势。

上层的薄暖水层与下层的厚冷水层间水温急剧下降的层通常被称为温跃层。

08

沙质底质或沉积物底质

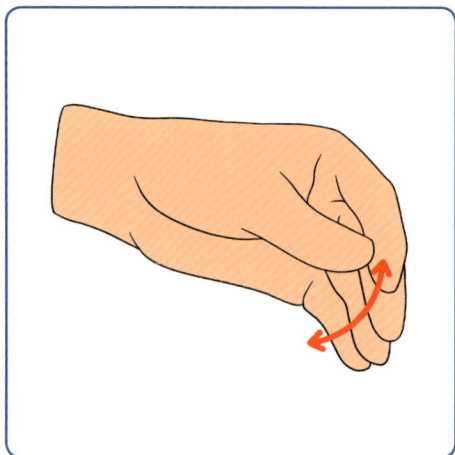

- 一只手的拇指反复划过其余四指指肚。

含义：沙质底质或沉积物底质。

你的潜伴表达附近海域是沙质底质或沉积物底质时，会做出这个手势。

沙质底质和沉积物底质是潜水时最常见的海底底质，在这样底质的海域潜水时请保持中性浮力状态，否则会扬起沙石，水下能见度随之降低。

潜水教学手势

数字及气压手势

日常应用手势

危险状况手势

潜水环境手势

个人情绪手势

水面手势及灯光信号

其他应用手势

海洋生物手势

手势交流示例

潜水教学手势

数字及气压手势

日常应用手势

危险状况手势

潜水环境手势

个人情绪手势

水面手势及灯光信号

其他应用手势

海洋生物手势

手势交流示例

09
岩石底质

- 双拳横向叠放。

含义：岩石底质。

你的潜伴表达附近海域是岩石底质时，会做出这个手势。

岩石底质的海域也很常见，潜水时请小心岩石可能造成的伤害。

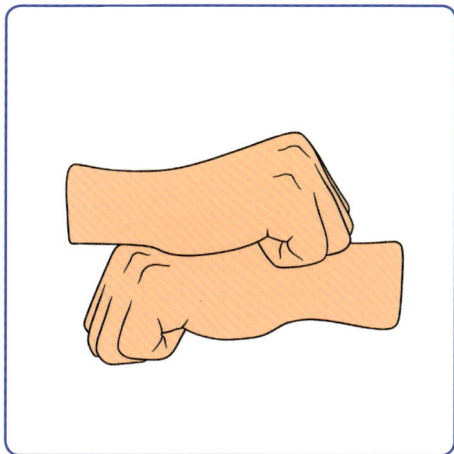

10
洞穴

- 一只手食指伸直，指向另一只半握拳的手并画圈。

含义：洞穴。

你的潜伴表达附近某处有洞穴时，会做出这个手势。

任何未经专业训练的潜水员不得进入封闭洞穴，那是致命的！

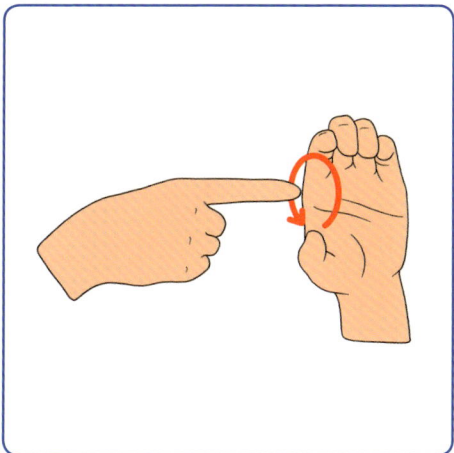

11

峭壁或断崖

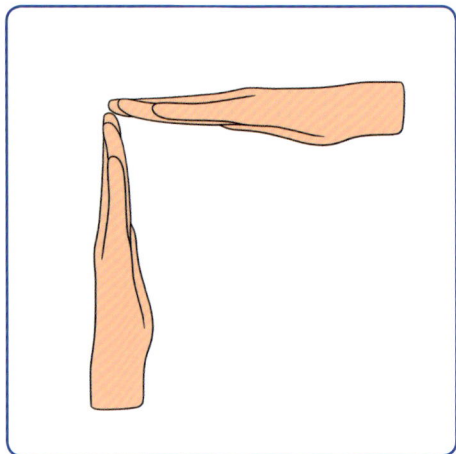

· 双手手掌成 90°角，双手指尖触碰。

含义：峭壁或断崖。

你的潜伴表达某处有峭壁或断崖时，就会做出这个手势。

沿峭壁或断崖潜水时请注意以其为参照物，避免超过深度极限。

12

栈桥或码头

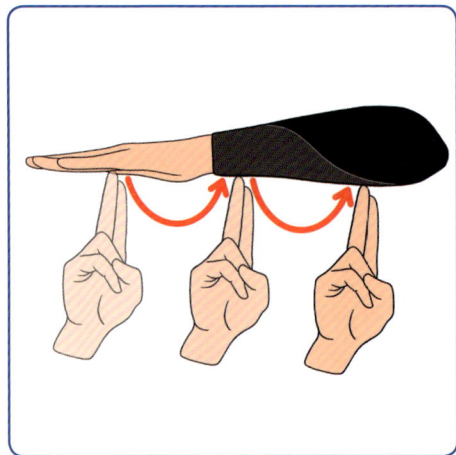

· 一只手的食指和中指并拢，戳对侧伸直的手掌和手臂下方如图所示的 3 个点。

含义：栈桥或码头。

你的潜伴表达某处有栈桥或码头时，就会做出这个手势。

请小心在栈桥或码头区域往来的船只。

13
珊瑚礁

· 一只前臂平伸于身前，另一只手的手掌在这只前臂后呈波浪状移动。

含义：**珊瑚礁**。

你的潜伴表达某处有珊瑚礁时，会做出这个手势。

请不要轻易触摸珊瑚礁或其他海洋生物。

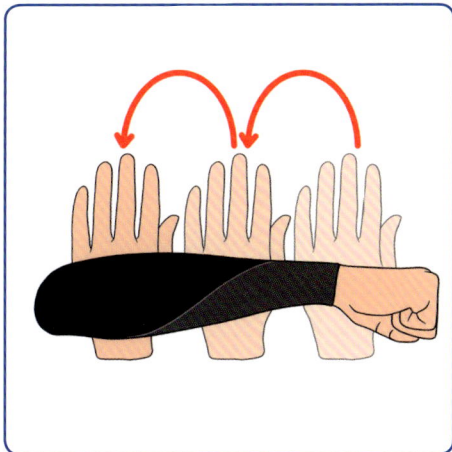

14
清洁站

· 一只手的手掌在腮部画圈。

含义：**清洁站**。

你的潜伴表达某处有清洁站时，会做出这个手势。

清洁站是某些海洋生物（如海龟、蝠鲼、翻车鱼等）的必去之地，在这里生活的清洁鱼以吃其他鱼类身上的寄生虫或老化的身体组织来获取养分。请不要打扰它们。

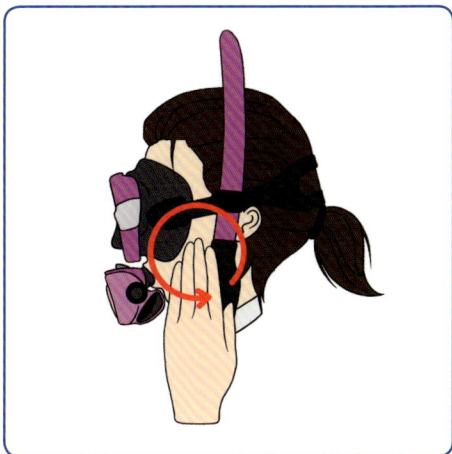

潜水教学手势

数字及气压手势

日常应用手势

危险状况手势

潜水环境手势

个人情绪手势

水面手势及灯光信号

其他应用手势

海洋生物手势

手势交流示例

第六章

个人情绪手势

潜水教学手势

数字及气压手势

日常应用手势

危险状况手势

潜水环境手势

个人情绪手势

水面手势及灯光信号

其他应用手势

海洋生物手势

手势交流示例

01
比心或可爱的

· 用手比出心的形状。

含义：比心或可爱的。

你的潜伴表达友好或感谢之意时，会做出这个手势。

这个手势也可用于表示某些海洋生物很可爱，请你结合语境自行判断。

这两种手势表达的意思是一样的。

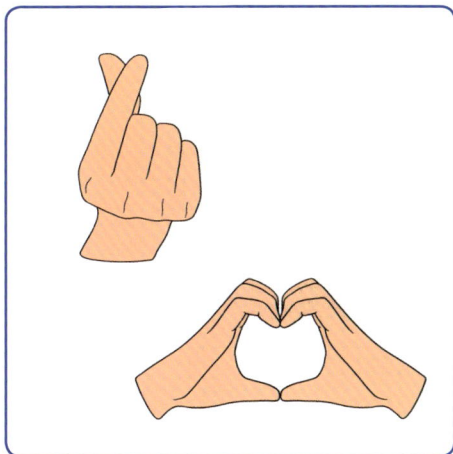

02
大笑

· 双手手指分别如图做出 L 形手势，放于面部两侧。

含义：大笑。

即 "Laugh out loud" （大笑）之意。

03

开心或喜悦

· 双手手掌向内，五指并拢，放于呼吸调节器下方，然后分别在两侧向上做弧线运动。

含义：开心或喜悦。

大部分潜水员看到海洋大货时会做出这个手势。

04

不开心

· 双手手掌向内，五指并拢，放于呼吸调节器下方，然后向两侧、向下做弧线运动。

含义：不开心。

当大部分潜水员看到了海洋大货而你没看到时，你可能会做出这个手势。

05
666！太棒了！

· 一只手拇指和小指伸直，其余三指向掌心屈曲，手左右摆动。

含义：666！太棒了！

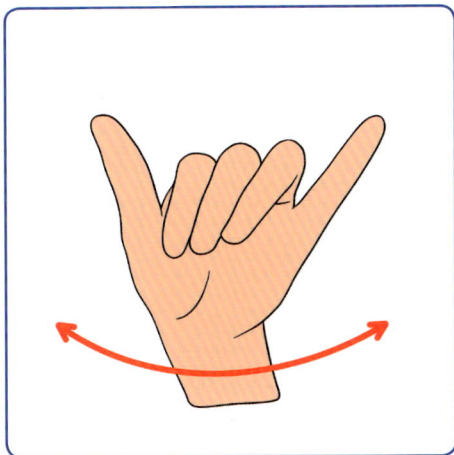

06
无聊

· 一只手食指指向鼻孔，其余四指向掌心屈曲，做出类似"挖鼻孔"的动作。

含义：无聊。

当你的潜伴向你做出这个手势时，你可能需要反思一下自己的行为，并想想该如何补偿你的潜伴。

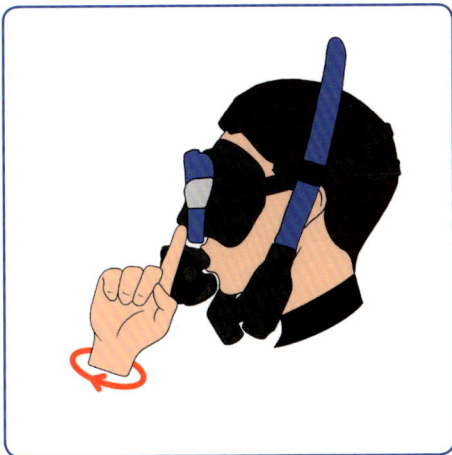

潜水教学手势

数字及气压手势

日常应用手势

危险状况手势

潜水环境手势

个人情绪手势

水面手势及灯光信号

其他应用手势

海洋生物手势

手势交流示例

潜水手势

07
听你的

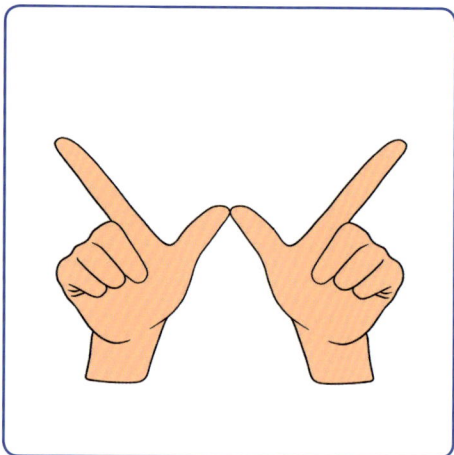

· 双手拇指相抵，食指伸直，其余手指向掌心屈曲，做出 W 形。

含义：听你的。

你的潜伴可能会在你征求意见时向你做出这个手势。你应该感到开心，因为现在你是"老大"了！

这个手势表达的是英文"Whatever"的意思。在有些情况下，也可以理解为"没关系"。

第七章
水面手势及灯光信号

潜水教学手势

数字及气压手势

日常应用手势

危险状况手势

潜水环境手势

个人情绪手势

水面手势及灯光信号

其他应用手势

海洋生物手势

手势交流示例

01

你还好吗？（第一种）

· 双臂向上举起，双手指尖在头顶上方触碰。不要乱挥双手，否则就变成了求救手势！

含义：你还好吗？

你的潜伴处于水面时，通常用这个手势询问你是否有异常情况。这个手势的优点是在远距离时也很容易辨认。

你可以做出常用的"OK"手势回应"没问题"，或者用其他手势表达问题。

02

你还好吗？（第二种）

· 一只手臂向上举起，五指并拢、微屈，触碰头顶。

含义：你还好吗？

你的潜伴处于水面时，通常用这个手势询问你是否有异常情况。这样做的好处是更容易被在远处的水面人员看到。

如果你没有问题，可以做出常用的"OK"手势回应。如果你有问题，请用"需要上船"手势（7–03）等回应。

03
需要上船

- 一只拳头高高举起。

含义：需要上船。

你的潜伴会在水面用这个手势通知水面团队他需要上船。

但这不是一个紧急求救手势，不要期望水面团队会做出紧急反应。

04
找不到潜伴或与潜伴走散

- 在水面双臂向上举起，手掌相对。

含义：找不到潜伴或与潜伴走散。

你的潜伴找不到你时，会第一时间做出这个手势向水面人员求助。

这是一个表示情况相当紧急的手势，水面人员看到后会第一时间处理。

71

潜水教学手势

数字及气压手势

日常应用手势

危险状况手势

潜水环境手势

个人情绪手势

水面手势及灯光信号

其他应用手势

海洋生物手势

手势交流示例

潜水手势

05
救命！

· 单臂或双臂快速并大幅度上下挥动（或用你能想到的一切办法引起水面人员的注意）。

含义：救命！

你的潜伴在水面遇到危险或麻烦时，会做出这个手势向水面人员求助。

这是一个表示情况相当紧急的手势，水面人员看到后会第一时间处理。

06
开灯

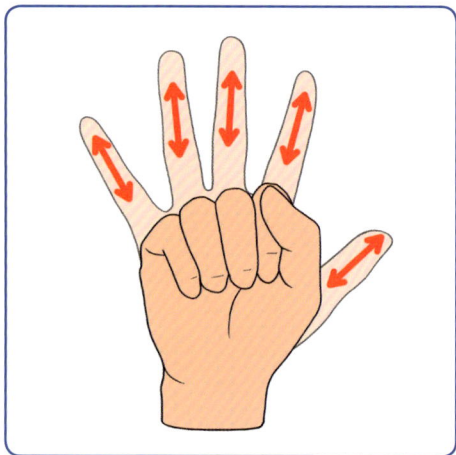

· 一只手握拳后再快速张开。

含义：开灯。

你的潜伴希望你打开照明工具时，会用这个手势告诉你。

在某些低能见度水域潜水时，照明工具（比如手电筒）是必要的装备。

不要用手电筒等照明工具照射其他潜水员的脸，这很危险！

07
你还好吗？（灯光信号）

· 用照明工具按照顺时针方向
  缓慢画圆。

　含义：你还好吗？

　当在低能见度水域潜水
时，潜伴无法清楚地看到对
方的手势，因此要使用更显
眼的灯光信号沟通。

　如果你没有问题，应该
做出常用的"OK"手势回应。
如果有问题，应该用其他灯
光信号，如"有问题或身体
不适"（7-08）表达你的问题。

08
有问题或身体不适（灯光信号）

· 快速以横向或竖向的直线形
  式晃动你的照明工具。

　当处于低能见度水域时，
你可以用这个灯光信号表示
有问题或身体不适。

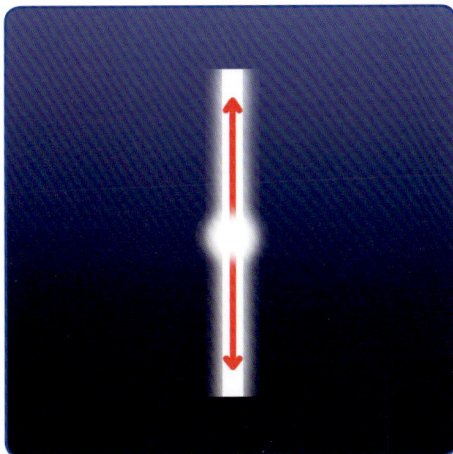

第八章

其他应用手势

01

鱼或任何像鱼的生物

· 一只手模仿鱼游动时摆尾的动作。

含义：鱼或任何像鱼的生物。

你的潜伴看到鱼或任何像鱼的生物时，会用这个手势告诉你。

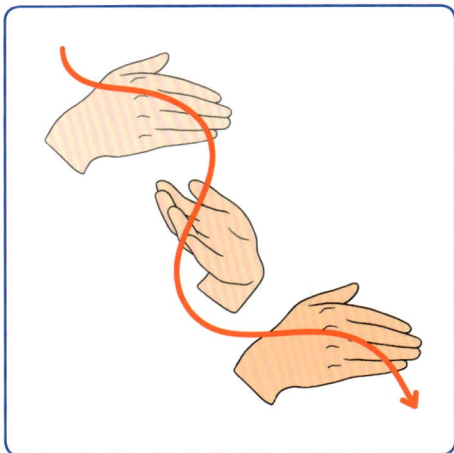

02

雌性生物

· 双手手掌相对，手指朝前并略向外伸；双手由上至下呈波浪状移动。

含义：雌性生物。

表示任何雌性生物时都可以用这个手势。

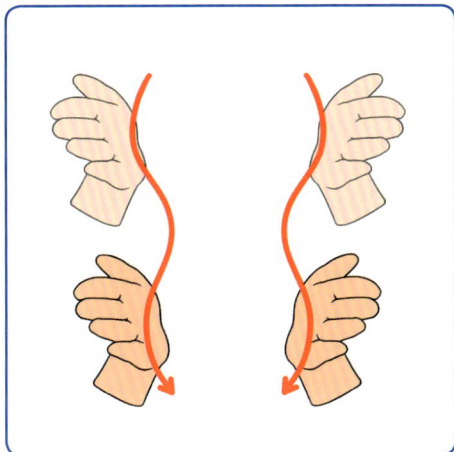

潜水教学手势

数字及气压手势

日常应用手势

危险状况手势

潜水环境手势

个人情绪手势

水面手势及灯光信号

其他应用手势

海洋生物手势

手势交流示例

75

潜水教学手势

数字及气压手势

日常应用手势

危险状况手势

潜水环境手势

个人情绪手势

水面手势及灯光信号

其他应用手势

海洋生物手势

手势交流示例

03
雄性生物

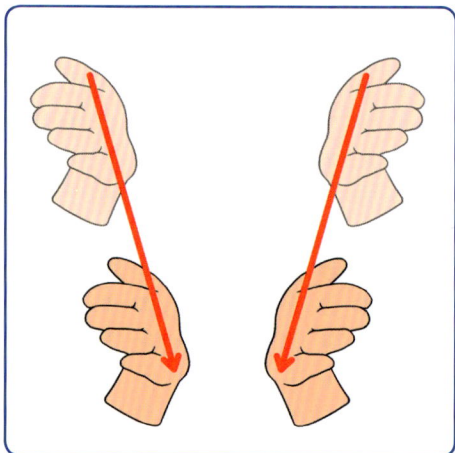

· 双手手掌相对，手指朝前并略向外伸；双手由上至下呈V字形移动。

含义：雄性生物。

表示任何雄性生物时都可以用这个手势。

04
生殖行为

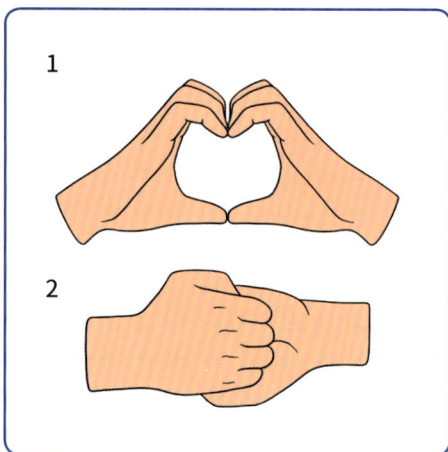

· 先做出"比心或可爱的"手势（6-01），然后双手前后交握。

含义：生殖行为。

这个手势代表海洋生物的生殖行为。

76

潜水教学手势

数字及气压手势

日常应用手势

危险状况手势

潜水环境手势

个人情绪手势

水面手势及灯光信号

其他应用手势

海洋生物手势

手势交流示例

05
睡觉

· 双手手掌合在一起，放于头
  一侧，并歪头。

含义：睡觉。

在夜潜时，可以近距离
观察许多海洋生物的睡姿。

夜潜前需进行相关培训，
请量力而行。

06
死亡

· 一只手手掌朝上，另一只手
  手掌朝下，双手同时反转。

含义：死亡。

表示任何死去的生物时
都可以用这个手势。

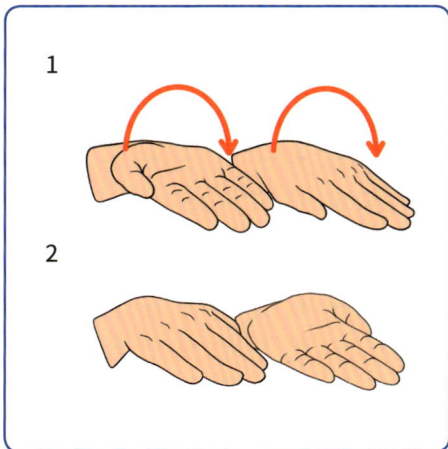

07
线或绳索

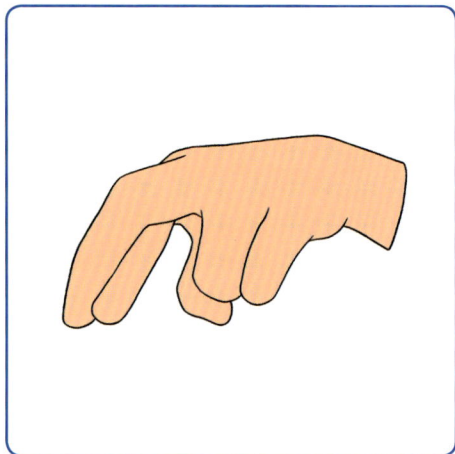

•一只手食指和中指上下交叉，其余三指向掌心屈曲。

含义：线或绳索。

你的潜伴表达线或绳索的意思时，会做出这个手势。

表示线轮、锚绳、渔网或其他类似物体时，都可以用这个手势。

08
剪断

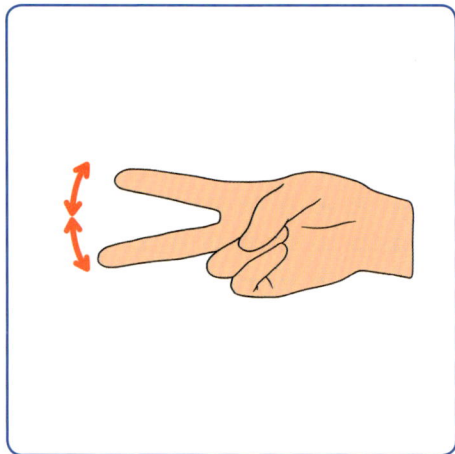

•一只手食指和中指上下开合，模仿剪刀开合。

含义：剪断。

这个手势代表"剪断"，有时也代表"终止某活动"。你的潜伴希望你剪断绳索时，会做出这个手势。

在水中被绳索缠住是小概率事件，不过一旦发生，你就会马上意识到水下切割工具的重要性。

09
抓住

· 双手握拳，模仿抓住一根绳子的样子。

含义：抓住。

你的潜伴希望你抓住某物时，会做出这个手势。

当潜水员遇到强烈的水流时，抓住岩石或绳索让自己保持位置不变是明智的做法。

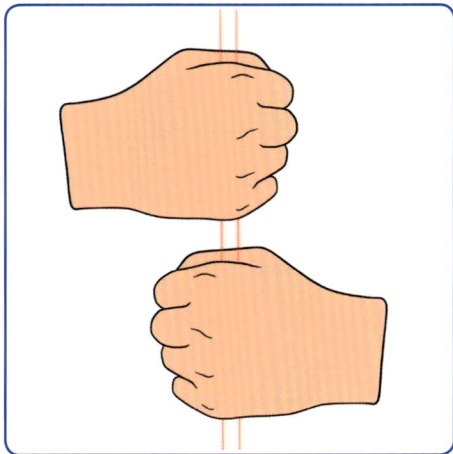

10
捆住

· 双手握拳，双拳绕彼此转动。

含义：捆住。

你的潜伴希望你捆住某物时，会做出这个手势。掌握基本的结绳技巧有助于提高你使用起吊袋（或打捞袋）打捞海洋垃圾的效率。

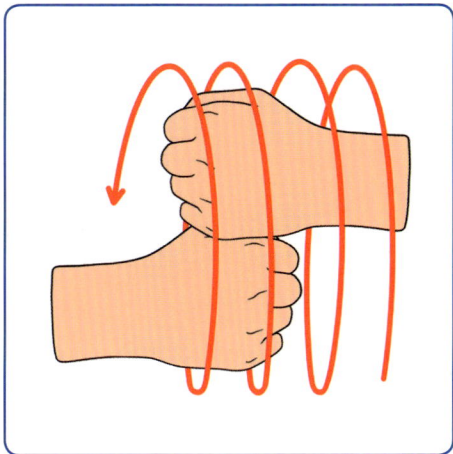

潜水教学手势

数字及气压手势

日常应用手势

危险状况手势

潜水环境手势

个人情绪手势

水面手势及灯光信号

其他应用手势

海洋生物手势

手势交流示例

11

水下切割工具

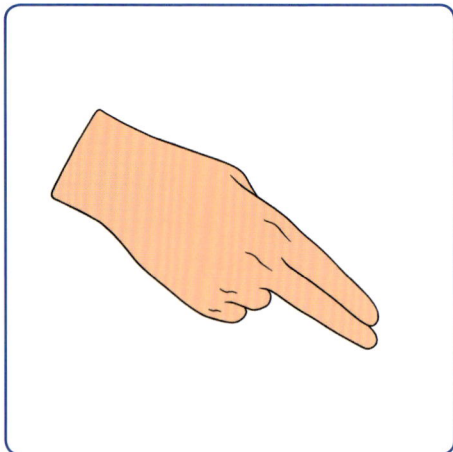

- 一只手食指和中指伸直、并拢，指向斜下方。

含义：水下切割工具。

你的潜伴表达需要水下切割工具的意思时，会做出这个手势。

当在水下被物体缠绕时，你就会意识到水下切割工具（如潜水刀、潜水剪刀或切割器）的重要性。

12

拍照

- 双手放于面镜两侧，双手食指和拇指张开呈 C 字形，一只手的食指模仿按动快门的动作。

含义：拍照。

你的潜伴想请你拍照时，会做出这个手势。

拍照时请注意保持你的中性浮力状态，不要触碰任何海洋生物，也尽量不要挡住其他潜水员的镜头。

潜水教学手势

数字及气压手势

日常应用手势

危险状况手势

潜水环境手势

个人情绪手势

水面手势及灯光信号

其他应用手势

海洋生物手势

手势交流示例

13

还有多少电量?

· 一只手食指和拇指张开呈 C 字形；另一只手食指伸直，在 C 字形内上下移动。

含义：还有多少电量？

此手势可用于询问相机、GoPro（一种运动相机）、水下推进器等多种装备的电池余量。

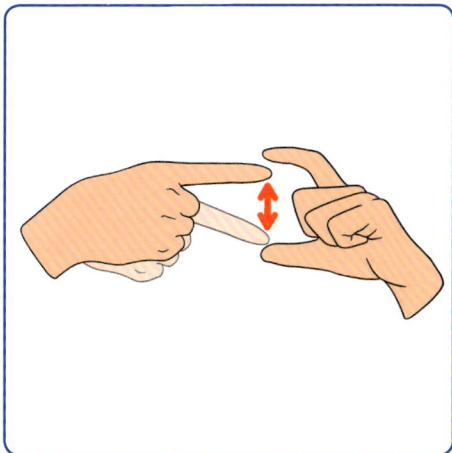

14

电量满格

· 一只手食指和拇指张开呈 C 字形；另一只手食指伸直，指向 C 字形的顶端。

含义：电量满格。

当你想告诉潜伴有关设备的电量满格时，你就可以做出这个手势。

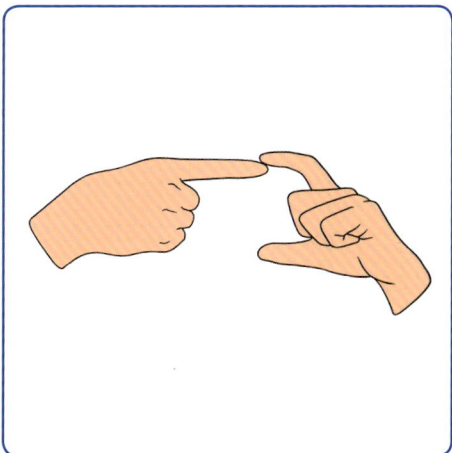

15

剩下一半电量

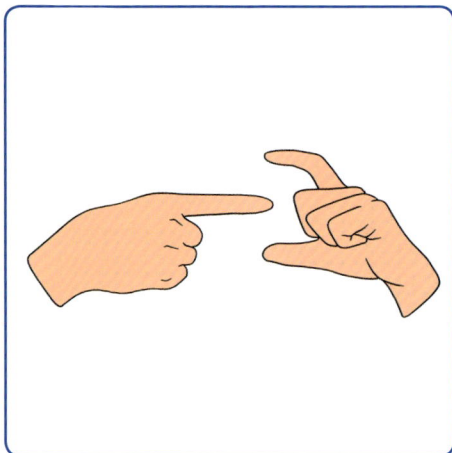

- 一只手食指和拇指张开呈 C 字形；另一只手食指伸直，指向 C 字形的中间。

含义：剩下一半电量。

当你想告诉潜伴有关设备的电量约有一半时，你就可以做出这个手势。

16

电量不足

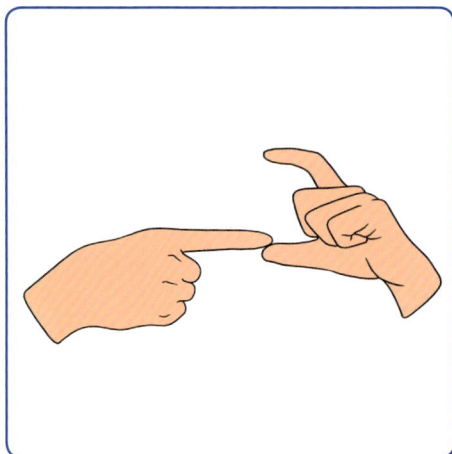

- 一只手食指和拇指张开呈 C 字形；另一只手食指伸直，指向 C 字形的底端。

含义：电量不足。

管控电量可参照管控气体的原则，务必预留出应急电量。

潜水教学手势

数字及气压手势

日常应用手势

危险状况手势

潜水环境手势

个人情绪手势

水面手势及灯光信号

其他应用手势

海洋生物手势

手势交流示例

17
损坏

· 双手握拳平放，然后将拳头竖起，模仿折断某物的动作。

含义：损坏。

可以用这个手势表达某些物体已经被损坏。

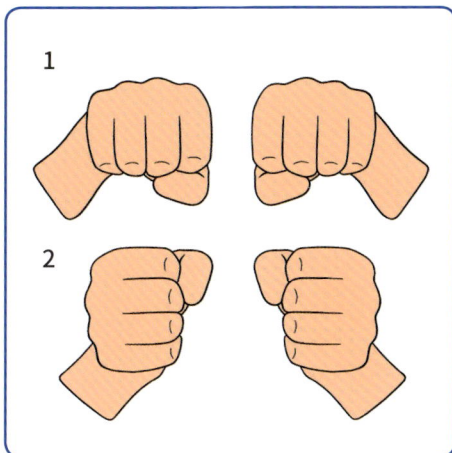

18
小便

· 一只手食指和中指交叉，指向下方。

含义：小便。

你的潜伴想小便时，会用这个手势告诉你。

你要抓紧时间游到你的潜伴前面。

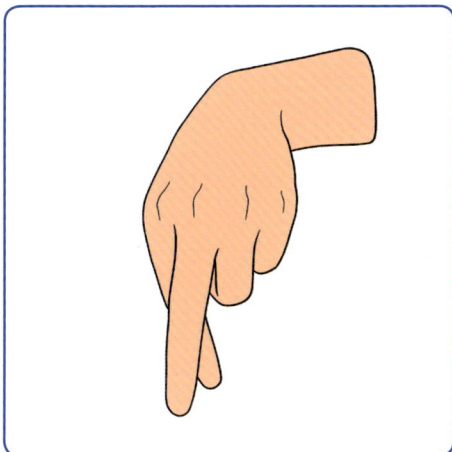

83

第九章
海洋生物手势

01

海藻林

· 一侧前臂如图平放，另一侧前臂上举，上举的前臂左右摆动。

含义：海藻林。

海藻林主要是由大型褐藻构成的海底森林，是生物多样性丰富、生产力较高的地球生态系统。小片的海藻林又被称为海藻床。

海藻林分布于温带到极地地区的沿海海域。2007 年，人们在厄瓜多尔附近的热带海域也发现了海藻林。和热带珊瑚礁一样，海藻林为许多海洋生物（包括软体动物、甲壳动物、棘皮动物、鱼类及海洋哺乳动物等）提供了栖息环境。

02

海绵

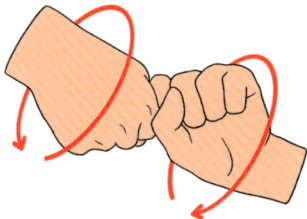

· 双手握拳，虎口相对，同时向相反方向转动，做出拧毛巾般的动作。

含义：海绵。

海绵是原始的多细胞动物，是海洋中重要的无脊椎动物。它们是滤食性生物，通过体壁上无数个小孔把水吸入体内，再通过更大的出水孔把水排出体外。

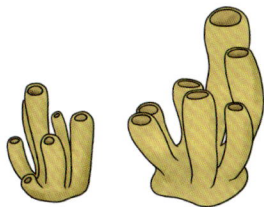

潜水教学手势

数字及气压手势

日常应用手势

危险状况手势

潜水环境手势

个人情绪手势

水面手势及灯光信号

其他应用手势

海洋生物手势

手势交流示例

03

水母

含义：水母。

水母是无脊椎动物，属于刺胞动物门中的一类。全世界有200多种水母，它们分布于全球各地的水域中，形状、大小各不相同。

遇到水母时请小心，它们造成的蜇伤严重时可致命。

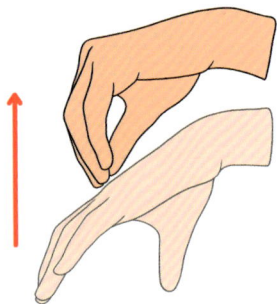

· 一只手五指分开，然后并拢，并拢的同时向上方移动。

04

珊瑚

含义：珊瑚。

珊瑚是对珊瑚虫群体及其骨骼的统称。珊瑚虫属于刺胞动物门珊瑚虫纲，身体呈圆筒状，多群居，结合成枝杈状或盘状、块状。珊瑚主要生长在从海面到水下30米的深度，而且只有冬季平均水温在20℃以上的海域才适合生长。影响珊瑚生长的因素还包括光照和海水的盐度。珊瑚极度脆弱。

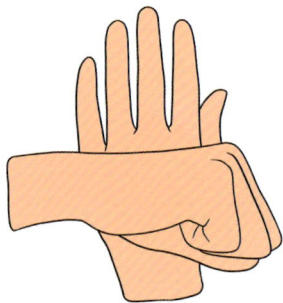

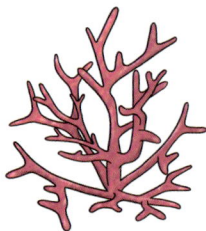

· 一只手握拳，另一只手的手背与其相抵并从拳后向上自然伸出。

05

火珊瑚

含义：火珊瑚。

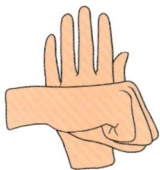 

1　　　　2

- 双手做出"珊瑚"手势（9-04）后，握拳的手将拳头竖起，拇指反复按压食指。

火珊瑚是水螅纲千孔珊瑚科的生物。火珊瑚的外观像珊瑚，实际上它们并非珊瑚，而是较为接近水母及海葵的生物。它们广泛分布于热带及亚热带海域，长在岩石及珊瑚之上，仿佛小小的丛林。火珊瑚的骨骼呈黄绿色或褐色。

我们的皮肤一旦触碰它们，产生的刺痛感会持续两天至两星期。火珊瑚的表面被尖锐及钙化的外骨骼覆盖，也容易擦伤潜水员的皮肤。

06

蛤蜊

含义：蛤蜊。

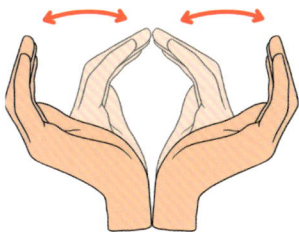

- 双手手腕相对并拢，手掌相对，手指自然屈曲，双手指尖互相触碰后再分开。

蛤蜊是双壳类软体动物。蛤蜊的两壳之间长有闭壳肌用以闭壳，并长有强大的肌肉质的足。多数蛤蜊栖息于浅水水域的水底泥沙中，以免受波浪之扰。蛤蜊将水从进水管吸入，从出水管排出，从而进行呼吸和摄食。蛤蜊的体形大小差异极大，小到 0.1 毫米，大到 1.2 米。

潜水教学手势

数字及气压手势

日常应用手势

危险状况手势

潜水环境手势

个人情绪手势

水面手势及灯光信号

其他应用手势

海洋生物手势

手势交流示例

07

砗磲

含义：砗磲。

砗磲是大型双壳贝类动物，主要栖息于南太平洋和印度洋的珊瑚礁环境中。有些砗磲重量达 200 千克以上，壳宽达 1.2 米以上。

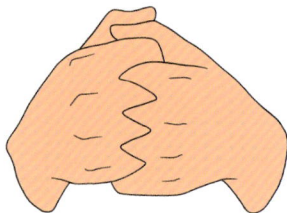

· 双手十指向手掌内侧交叉握在一起。

08

海蛞蝓或海兔

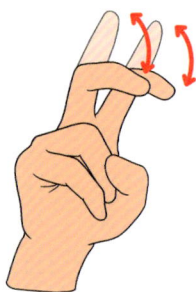

含义：海蛞蝓或海兔。

海蛞蝓或海兔生活在潮间带甚至深海。尽管它们体形一般都很小，但是它们是生活在珊瑚礁环境中最显眼、最有趣的物种之一。这些软体动物属于裸鳃亚目，几乎每天都有新物种被发现。

· 一只手手掌向外，拇指、无名指和小指向掌心屈曲，食指和中指快速屈伸，仿佛兔子耳朵在动。

09
海螺

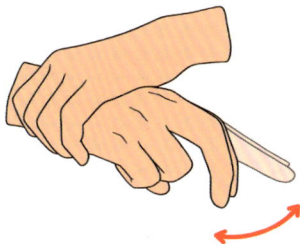

含义：海螺。

海螺属于软体动物门腹足纲，也是一种贝类动物。海螺壳边缘轮廓略呈四方形，大而坚厚，壳高达 10 厘米左右，螺层 6 级，壳口内为杏红色，有珍珠光泽。

· 一只手握住另一只手的腕部，被握住的手的食指和中指做屈伸动作。

10
贝类

含义：贝类。

贝类是软体动物中的一类，它们的身体由头、足、内脏囊、外套膜和壳 5 部分组成。

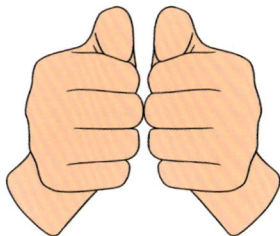

· 双手握拳，双手的四指相对，双手拇指屈曲于食指内侧。

潜水教学手势

数字及气压手势

日常应用手势

危险状况手势

潜水环境手势

个人情绪手势

水面手势及灯光信号

其他应用手势

海洋生物手势

手势交流示例

潜水教学手势

数字及气压手势

日常应用手势

危险状况手势

潜水环境手势

个人情绪手势

水面手势及灯光信号

其他应用手势

海洋生物手势

手势交流示例

11

章鱼

含义：章鱼。

章鱼属于软体动物门头足纲，是一种非常聪明的动物，且行动非常灵活。许多科学家对章鱼进行过智力测试。

要小心章鱼，它们可能会"没收"任何你没有抓牢的东西，小到叮叮棒，大到水下相机。

- 一只手放在呼吸调节器前，手指向下并左右晃动，仿佛章鱼的触须在晃动。

12

乌贼

含义：乌贼。

乌贼是头足纲蛸亚纲下的一类软体动物，所有乌贼都可以喷墨。乌贼有 5 对腕，其中第四对腕特别长，称为触腕。

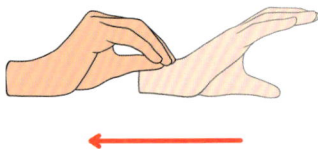

- 一只手五指向前张开，掌心朝下，之后五指收拢成空握状，同时手向后水平移动。

13

圣诞树管虫

含义：圣诞树管虫。

圣诞树管虫又名大旋鳃虫。它们有两个色彩鲜艳、像圣诞树般的螺旋形鳃冠，可用来呼吸。它们的鳃冠其实是高度进化的口前叶触须。每一个鳃冠都由羽毛似的辐棘组成，辐棘上有很多纤毛，可以困住并运送猎物至口部。辐棘也可以用来呼吸，又被称为鳃。

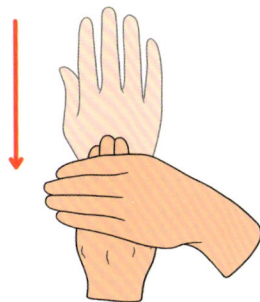

· 双手手掌向内，垂直叠放。竖着的手掌向下移动到前面的手掌下方。

14

虾

含义：虾或龙虾。

虾是生活在水中的节肢动物门甲壳亚门动物。虾的头胸甲呈圆柱形，下腹有游泳足。虾的触须往往都很长，个别种类的触须长度甚至为其体长的两倍。

· 双手放于头两侧，手心向前，食指向上伸直，其余手指向掌心屈曲。

潜水教学手势　数字及气压手势　日常应用手势　危险状况手势　潜水环境手势　个人情绪手势　水面手势及灯光信号　其他应用手势　海洋生物手势　手势交流示例

潜水教学手势

数字及气压手势

日常应用手势

危险状况手势

潜水环境手势

个人情绪手势

水面手势及灯光信号

其他应用手势

海洋生物手势

手势交流示例

15

清洁虾

1　　　2

含义：清洁虾。

清洁虾泛指清理其他海洋动物身上的寄生虫和坏死组织的十足目下的鞭藻虾。清洁虾与接受它们"服务"的海洋动物是共生关系，双方各得其利——海洋动物可以摆脱身上的寄生虫等，清洁虾可以获得食物。清洁虾的这种行为与清洁鱼的类似，这两种生物有时甚至联合起来为其他海洋动物清理身体。

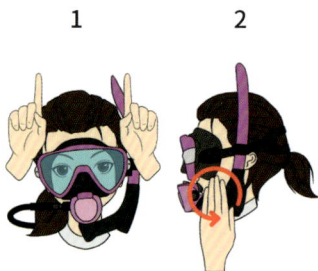

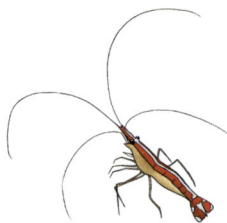

· 做出"虾"手势（9-14）后，再做出"清洁站"手势（5-14）。

16

螃蟹

含义：螃蟹。

螃蟹是杂食性动物，主要靠吃海藻为生，有时也吃微生物、虫类等。假如有营养价值更高的食物，比如死鱼、死虾、腐肉、钓客的鱼饵甚至人们丢弃的食物垃圾等出现，螃蟹也会争先恐后地抢食。

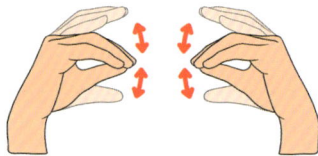

· 双手手掌相对，双手的拇指与并拢的其余四指触碰后再分开，仿佛螃蟹的螯和步足在动。

92

17

寄居蟹

1

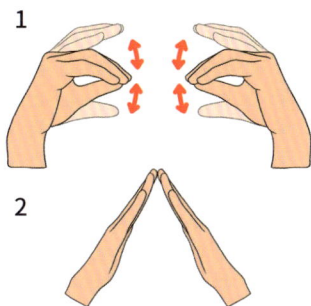

2

- 先做出"螃蟹"手势（9-16），然后双手指尖相对，手掌形成倒 V 字形。

含义：寄居蟹。

寄居蟹是十足目寄居蟹总科和陆寄居蟹总科的蟹的统称。

它们寄居于死去的软体动物的壳中，由此得名。绝大部分寄居蟹生活在水中，也有少数生活在陆地。还有一些寄居蟹不再寄居于螺壳中，它们的身体进化出了类似蟹的硬壳，著名的椰子蟹即属此类。

18

魟

含义：各种魟的统称。

魟又被称为魔鬼鱼，与鲨鱼有亲缘关系。它们生活在海底，喜欢藏身于海底沙地。魟身体扁平，略呈圆形或菱形，无鳞，胸鳍发达，尾呈鞭状，有毒刺。魟的种类很多，常见的有尖嘴魟、赤魟、燕魟等。

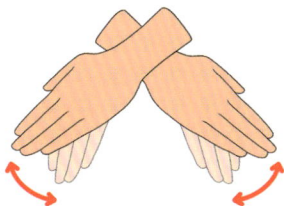

- 双手手掌向内,手腕交叉,双手分别左右摆动。

19

蓝点魟

含义：蓝点魟。

蓝点魟又名蓝斑条尾魟，是软骨鱼纲魟亚目的其中一种。

蓝点魟分布于印度洋－太平洋热带海域，体形似圆盘，体表背面呈暗褐色，有明亮的蓝色斑点。它们的眼睛为鲜艳的黄色，尾巴两边有蓝色条纹。尾巴中部有 1~2 根与毒腺相连的锯齿状毒刺。

1   2

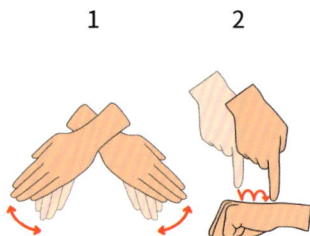

· 做出"魟"手势（9-18）后，一只手的食指在另一只手的手背跳跃地点3下。

20

电鳐

含义：电鳐。

电鳐是软骨鱼纲电鳐目鱼的统称。

电鳐的躯干呈圆盘状，尾巴较短，它们可以通过肌肉的运动释放 220V 的电压。但它们一般只在捕食或防御时才启用电击功能。

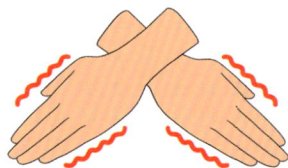

· 做出"魟"手势（9-18）后，双手手掌同时抖动，仿佛触电一般。

潜水教学手势

数字及气压手势

日常应用手势

危险状况手势

潜水环境手势

个人情绪手势

水面手势及灯光信号

其他应用手势

海洋生物手势

手势交流示例

潜水手势

21

鹰鳐

含义：鹰鳐。

1   2

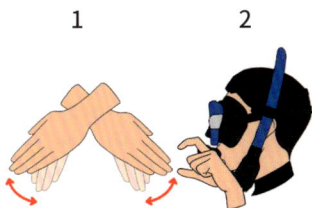

鹰鳐又名纳氏鹞鲼，体长可达 3 米。

鹰鳐游动时姿态美丽优雅，常成小群聚集。它们的嘴形似鸭嘴，尾巴细长，尾巴根部有很多锯齿状毒刺。它们有形似翅膀、大大的三角形胸鳍，能够让它们游得很快。鹰鳐生性羞怯，令人难以接近。

· 先做出"釭"手势（9-18），然后一只手的食指和拇指在调节器前屈曲，做出鹰嘴状手势。

22

蝠鲼

含义：蝠鲼。

蝠鲼体长可达 8 米，重量可达 1 吨以上。它们身体扁平，有翼状胸鳍，胸鳍前有两个薄而窄的条状鳍，可向口中收集食物。蝠鲼牙齿细小，主要以浮游生物和小鱼为食，经常在珊瑚礁附近巡游、觅食，性情温和。

· 双臂向两侧张开，上下摆动，仿佛要起飞。

23

鲨鱼

含义：鲨鱼。

鲨鱼是鲨总目动物的统称，属于软骨鱼纲中的板鳃亚纲，其原始种类最早在 4 亿 2000 万年前的志留纪就已经出现，迄今已演化出很多不同的种类。

· 一只手放在头顶，手指向上伸直。

24

礁鲨

1　　2

含义：礁鲨。

常见的礁鲨有灰礁鲨和加勒比礁鲨。

灰礁鲨体长可达 2.5 米，是印度洋 – 太平洋海域最常见的鲨鱼，领地意识非常强，受到侵扰时有潜在危险性。

加勒比礁鲨体长可达 3 米，经常在加勒比海珊瑚礁底部巡游，偶尔在洞穴中休息。它们生性羞怯，对潜水员态度冷漠，兴奋时或被激怒时攻击性强。

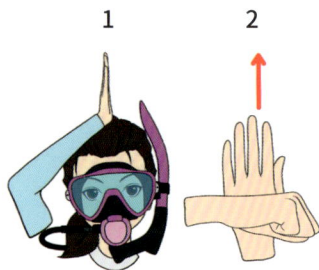

· 一只手做出"鲨鱼"手势（9-24）后，握拳，另一只手的手背向前，在拳后向上伸出。

潜水手势

潜水教学手势

数字及气压手势

日常应用手势

危险状况手势

潜水环境手势

个人情绪手势

水面手势及灯光信号

其他应用手势

海洋生物手势

手势交流示例

25

锤头鲨

含义：锤头鲨。

· 双手握拳，掌心向前，放于头两侧。

锤头鲨又名双髻鲨，是真鲨目双髻鲨科鲨的统称，广泛分布于印度洋、太平洋的热带和亚热带海域。常见的有锤头双髻鲨和无沟锤头鲨。

锤头双髻鲨体长可达 4.2 米，常见于热带海域。它们生性羞怯，很容易被气泡惊吓，但也有潜在的危险性。

无沟锤头鲨体长可达 6 米，是远洋鱼类，潜水员潜水时很少见到它们。它们被认为具有潜在危险性。

26

豹纹鲨

含义：豹纹鲨。

· 一只手做出"鲨鱼"手势（9-23），另一只手的食指在这只手掌上从上至下点 3 下。

豹纹鲨分布于印度洋、西太平洋海域，体形扁而长，体长可达 3.5 米，尾巴占体长的一半。它们的眼睛为椭圆形，口下位，胸鳍宽大、扁平。幼鲨体表为黑褐色，布满白色条纹与白斑，成年后白色条纹变成深色斑点，白斑变为棕黄色。豹纹鲨白天行动迟缓，夜间活跃，在不被侵扰的情况下无攻击性。

潜水手势

27
公牛鲨

1　　　　2

含义：公牛鲨。

公牛鲨又名低鳍真鲨，栖息在热带、亚热带温暖海域的沿岸、河流及湖泊。公牛鲨体形较大，雄性体长可达 2.1 米，重约 90千克，雌性则更大，体长可达 3.5 米，重约230 千克。公牛鲨的体形较其他鲨鱼的更宽，背部为灰色，腹部为白色，第二背鳍较第一背鳍细小。公牛鲨攻击性强，非常危险，曾多次向人类发起致命袭击。

· 做出"鲨鱼"手势（9-23）后，双手放于头两侧，手心向前，自然屈曲。

28
大白鲨

含义：大白鲨。

大白鲨又名噬人鲨，是生活在热带和温带海域的大型凶猛鲨鱼。人们在南非干斯拜附近的海岸发现过一个大白鲨密集聚集的地点。

大白鲨体形庞大，属于掠食性动物，是许多海洋哺乳动物的主要天敌。它们也会猎食海鸟、其他鱼类等一切能猎到的海洋生物。

· 一只手做出"鲨鱼"手势（9-23）后，另一只手在其上方也做一个"鲨鱼"手势（9-23）。

29

远洋白鳍鲨

含义：远洋白鳍鲨。

远洋白鳍鲨又名长鳍真鲨，是生活在热带和暖温带海域的大型远洋鲨鱼。它们体形敦实，前端白而圆的狭长胸鳍引人注目。远洋白鳍鲨体长可达 4 米。

它们通常单独活动，极具危险性。尤其是当诱饵出现时，它们会表现出很强的攻击性，曾多次袭击海中遇难者和落水的飞行员。它们曾经是地球上常见的大型捕食者，如今因过度捕捞而陷入濒危状态。

- 一只手先做出"鲨鱼"手势（9-23），然后双臂向两侧平伸。

30

护士鲨

含义：护士鲨。

护士鲨又名铰口鲨，体长可达 3.5 米，白天行动迟缓，夜间活跃。它们胆小羞怯，在不被侵扰的情况下无攻击性，但拥有致命的撕咬能力。

- 一只手先做出"鲨鱼"手势（9-23），然后另一只手的食指和中指伸直指向下腭。

31

浅海长尾鲨

1　　　2

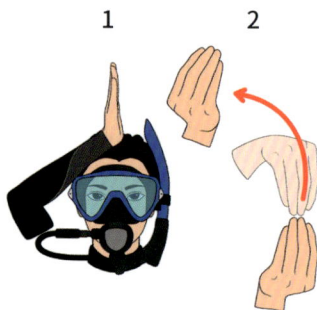

含义：浅海长尾鲨。

浅海长尾鲨体长可达 3.5 米，尾部长度约为体长的一半。它们都有大而圆的黑眼睛，吻短，尾鳍特别长，可以击晕猎物。它们是活跃的猎食者，但对人类没有攻击性。由于过度捕捞，潜水员现在很难见到它们。

· 一只手先做出"鲨鱼"手势（9-23），然后双手指尖并拢，上下触碰后下方的手不动，在上方的手向上抬起。

32

虎鲨

1　　　2

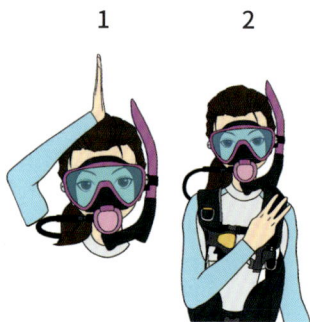

含义：虎鲨。

虎鲨又名鼬鲨，体长可达 8 米，分布于全球热带和亚热带海域。

虎鲨体形粗壮，眼圆，瞬膜发达，牙齿锐利，边缘具明显锯齿。它们的体表背面呈蓝黑色，腹面呈白色。幼鲨体表背面有白色大理石般的斑纹，成年后则变为数条淡色横条纹。潜水时不常见到它们。

· 一只手先做出"鲨鱼"手势（9-23），然后中间三指伸直并放在对侧肩膀上。

潜水教学手势

数字及气压手势

日常应用手势

危险状况手势

潜水环境手势

个人情绪手势

水面手势及灯光信号

其他应用手势

海洋生物手势

手势交流示例

33

沙虎鲨

1   2

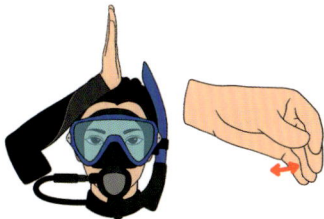

- 一只手先做出"鲨鱼"手势（9-23），然后用拇指搓其余四指。

含义：沙虎鲨。

沙虎鲨又名锥齿鲨，是一种生活在温带和热带海域的大型鲨鱼。沙虎鲨外表凶猛，但性格沉静。它们游泳能力强，游速较缓慢。除非受到挑衅，否则它们没有攻击性。

沙虎鲨体形呈纺锤形，敦实，有鳃裂，有两个较大的背鳍；头宽扁，圆锥形的牙齿尖锐并向嘴外突出；体表有锈色斑点或条纹，平均体长约 3.2 米。

34

鲸鲨

1

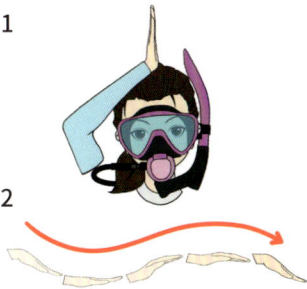

2

- 一只手先做出"鲨鱼"手势（9-23），再做出"鲸"手势（9-72）（一只手掌向下，呈波浪状向前移动）。

含义：鲸鲨。

鲸鲨是目前已知体形最大的鱼类，体长可达 14 米。

鲸鲨栖息在热带和亚热带海域，通常单独活动，除非在食物丰富的地区觅食，否则很少聚集。雌性鲸鲨偏好在特定的地点出现，雄性鲸鲨的活动范围更大。鲸鲨对人类无攻击性，但它们的数量越来越少，属于易危物种。

35

梭鱼

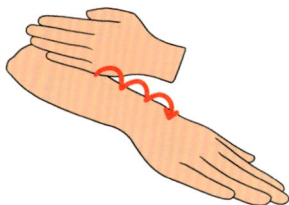

含义：梭鱼。

梭鱼是鲈形目鲟科鱼的俗称。梭鱼生性凶猛，具攻击性，爱成群活动，因较大的体形（体长可达 1.8 米）和凶猛的外表而知名。梭鱼身体呈流线型，捕食速度非常快。

大多数梭鱼不会攻击潜水员，但若看到反光的物体，它们的攻击性可能会被激发。

· 一只手的手掌侧缘在对侧的前臂以波浪状移动。

36

海鳗

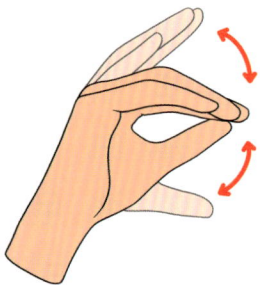

含义：海鳗。

海鳗是海鳗科鱼的统称，身体长而粗壮，外形像蛇一样，厚实的皮肤上有一层黏滑的体液，起保护作用。多数海鳗喜欢在夜间活动，白天待在岩石和珊瑚礁的洞穴中。

多数海鳗都没有攻击性，但若被它们咬伤真的很痛！

· 一只手拇指在下，其余四指在上，手指快速上下开合，仿佛海鳗的嘴巴一张一合。

102

37

花园鳗

含义：花园鳗。

花园鳗是康吉鳗的俗称，经常聚集在珊瑚礁附近的沙质或淤泥质海底，常见于深水区或洋流多的海域。它们以洋流中的浮游生物为食，很少离开洞穴。

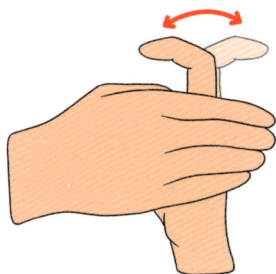

- 一只手的食指从另一只手的手掌后伸出，其余四指向掌心屈曲，食指屈曲并左右摆动，仿佛花园鳗的头在动。

38

神仙鱼

含义：神仙鱼。

神仙鱼是刺盖鱼的俗称。它们常生活在珊瑚礁附近，是非常漂亮的海洋生物。它们一般体形中等，常在水中发出"咕噜"声，多成对活动，有明显的领地意识。

- 一只手的食指在头顶上方画圈。

39

石斑鱼

含义：石斑鱼。

石斑鱼是鮨科石斑鱼属鱼的统称，种类颇多，体形也各不相同。有些石斑鱼体形相当大，体长可达 1 米以上；有些石斑鱼重量超过 100 千克。它们会吞噬猎物，而不是用口把猎物撕开，这是因为它们的颌没有长很多牙齿，但咽喉里的牙板可以碾碎食物。

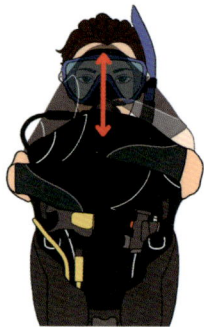

· 双手握拳，双臂在身前屈曲，前臂上下快速开合，仿佛石斑鱼的大嘴一张一合。

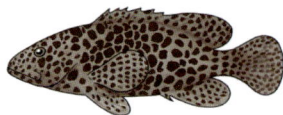

40

鲀

含义：鲀。

鲀是鲀科鱼的统称，主要分布于北纬 45 度至南纬 45 度之间的海域或淡水水域。

鲀普遍拥有让身体膨胀的能力，能够将大量的水或空气吸入其极具弹性的胃中，使身体膨胀数倍以吓退捕食者。

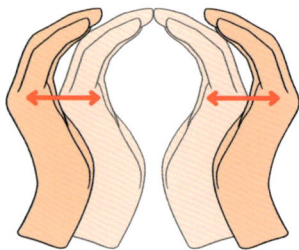

· 双手五指自然屈曲，掌心相对，指尖相抵，然后双手分别向左右移动。

41
箱鲀

含义：箱鲀。

箱鲀是箱鲀科箱鲀属鱼的统称，分布于印度洋和太平洋的热带海域，属于近海底层鱼类。它们的身体略呈正立方体，口小唇厚，鳞片特化成骨板，表皮粗糙。在水下很容易从被六边形骨板包裹的身体辨认出它们。

· 一只手握拳，手臂屈曲，仿佛提着箱子。

42
角箱鲀

含义：角箱鲀。

角箱鲀是箱鲀科角箱鲀属鱼的统称。它们色彩鲜艳，体形各异，通常游动速度缓慢。它们的皮肤非常像皮革，没有鳞片，眼睛上方有一对长长的尖角，身体下后部还有一对稍短的角。

· 一只手拇指、中指和无名指向掌心屈曲，食指与小指伸直。

43

平鱼

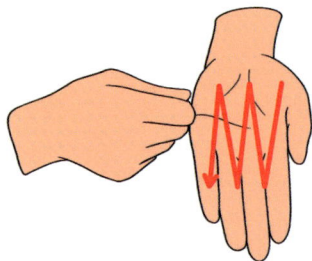

- 一只手握拳，在另一只手的手掌上以 Z 字形快速移动。

含义：平鱼。

平鱼是鲳科鱼的俗称，分布于印度洋－西太平洋海域，鱼体呈椭圆形且侧扁，口小，鳃孔小，无腹鳍，背鳍和臀鳍呈镰刀状。它们的背部呈淡青灰色，腹面呈银白色，各鳍边缘略呈黄色及淡灰色，体长可达 60 厘米。

44

天竺鲷

- 双手中指指尖在头顶上方相抵，手掌形成倒 V 字形。

含义：天竺鲷。

天竺鲷是天竺鲷科鱼的统称，在热带沿海海域较常见。它们大多数体形较小，行动隐秘，通常白天待在浅水区的珊瑚中、洞穴内和遮蔽处，夜间在开阔水域捕食。

45

鼓鱼

含义：鼓鱼。

　　鼓鱼是石首鱼科鱼的俗称。石首鱼之所以被称为鼓鱼，是因为它们在水中通过振动鱼鳔发出清晰的声音。它们不怕人，很容易接近。

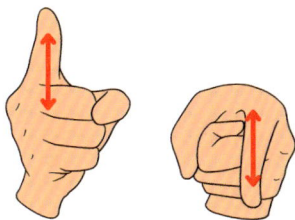

· 双手食指伸直，其余手指向掌心屈曲。双手食指交替由上至下做敲鼓状。

46

笛鲷

含义：笛鲷。

　　笛鲷是笛鲷科鱼的统称，有 100 多种，包括一些常见的热带珊瑚礁鱼类。笛鲷可见于各种栖息地，通常在海底附近单独或聚成大群活动。笛鲷是非常活跃的捕食者，以各种底栖生物为食。

· 一只手食指与中指向下伸直，其余三指向掌心屈曲，然后放在呼吸调节器前。

潜水教学手势

数字及气压手势

日常应用手势

危险状况手势

潜水环境手势

个人情绪手势

水面手势及灯光信号

其他应用手势

海洋生物手势

手势交流示例

潜水手势

47

小丑鱼

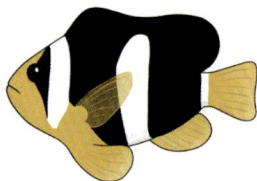

含义：小丑鱼。

小丑鱼是雀鲷科棘颊雀鲷属和双锯鱼属鱼的俗称。小丑鱼都很小，通常色彩极为鲜艳，常常以一雄多雌的集群或普通集群形式活动，总栖息在遮蔽物或珊瑚礁附近。它们与海葵有共生关系，大多数潜水员对它们非常熟悉。

· 一只手在鼻子前空心握拳，仿佛小丑的鼻子。

48

鮋

含义：鮋。

鮋是鮋科鱼的统称。只有几种鮋常见于热带海域。鮋栖息于淤泥质海底，大多数时间都把身体半埋于海底，无鳔，头宽扁，像鳄鱼的头，头上有几根棘和刺状脊，口大。它们是伏击型猎食者，夜间更活跃。

1   2

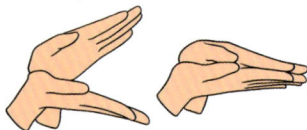

· 双手手掌上下相对并开合，仿佛鮋的大嘴一张一合。

潜水教学手势

数字及气压手势

日常应用手势

危险状况手势

潜水环境手势

个人情绪手势

水面手势及灯光信号

其他应用手势

海洋生物手势

手势交流示例

 潜水手势

49
比目鱼

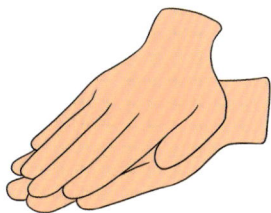

含义：比目鱼。

　　比目鱼是鲽形目鱼的统称。比目鱼身体侧扁，呈椭圆形，眼睛在头部左侧。比目鱼擅长伪装，常藏在海底的开阔水域，身体的一半或全部埋入沙地，只露出眼睛等待猎物。

· 一只手的手掌放在另一只手的手背上。

50
烟管鱼

含义：烟管鱼。

　　烟管鱼是烟管鱼科鱼的统称，广泛分布于热带海域。烟管鱼体形细长，呈管状，吻长，口小，有一根特别长的尾丝。它们常以松散的集群形式在礁石附近活动。

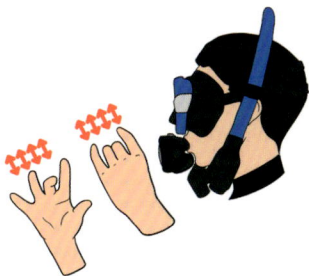

· 双手手指如图自然屈曲，仿佛吹竖笛。

51
鱵

含义：鱵。

鱵是鱵科鱼的统称，约有 35 种，多见于印度洋 – 太平洋海域。鱵常待在海底或用它们厚厚的胸鳍将身体吸在海扇上，随时准备扑向开阔水域或珊瑚礁附近毫无防备的猎物。它们通常很活跃，在珊瑚礁附近来回游动。

- 一只手拇指与食指微屈，其余三指向掌心屈曲，模仿鱵的嘴。

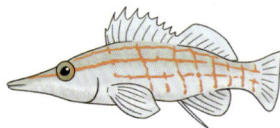

52
后颌䲁

含义：后颌䲁。

后颌䲁科鱼的知名度不高，约有 70 种，目前尚有许多物种没有被定种，但是潜水员对它们比较熟悉。后颌䲁身体细长，体形相对较小，为典型的蝌蚪状体形，头像青蛙的头，口大，眼睛突出。

- 双手食指伸直，指向呼吸调节器。

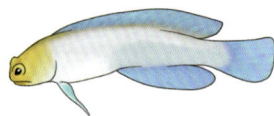

53

蓝子鱼

含义：蓝子鱼。

蓝子鱼是蓝子鱼科鱼的统称，约有30种，习性都很相似。它们的身体呈椭圆形，小小的吻微突，胸鳍上有尖利的毒刺。蓝子鱼是草食性动物，常成群出现在海草附近。

· 蓝子鱼的英文名是"rabbitfish"（兔鱼），所以表示它的手势是：一只手食指和中指在头后伸直，仿佛兔子耳朵。

54

圆燕鱼

含义：圆燕鱼。

圆燕鱼是白鲳科燕鱼属的一种鱼。圆燕鱼体形较大，侧扁，游速不快，体表为银色，闪闪发光，有黑色条纹。它们性格安静，常集群在远洋活动。

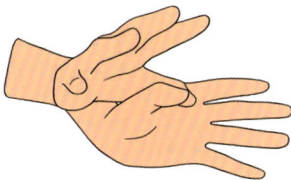

· 双手拇指相交，其余手指张开。

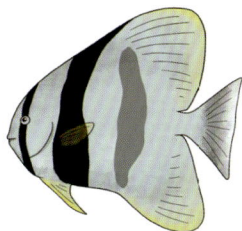

潜水教学手势

数字及气压手势

日常应用手势

危险状况手势

潜水环境手势

个人情绪手势

水面手势及灯光信号

其他应用手势

海洋生物手势

手势交流示例

潜水手势

55
蝴蝶鱼

含义：蝴蝶鱼。

蝴蝶鱼科鱼约有 120 种，其中某些物种被认为是最漂亮的热带珊瑚礁鱼类。大多数蝴蝶鱼体表颜色艳丽。它们常在礁顶处的浅水区活动，通常终生成对或聚成松散的小群活动。

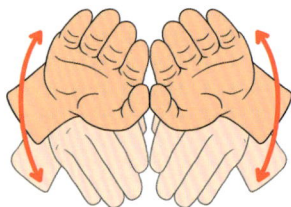

· 双手手掌朝下，拇指并拢，双手上下移动，模仿蝴蝶扇动翅膀的样子。

56
马夫鱼

含义：马夫鱼。

马夫鱼是蝴蝶鱼科马夫鱼属鱼的统称，分布于印度洋－太平洋海域，体表为白色，体长可达 25 厘米，体侧有 3 条黑色横条纹：第一条从头顶延伸至眼睛上端，第二条从背鳍基底延伸至腹部，第三条从背鳍硬棘部延伸至臀鳍软条部。它们的背鳍鳍条、胸鳍和尾鳍呈黄色。

· 双臂屈曲，双肘位于身体两侧，双手拇指和食指自然屈曲（其余三指向掌心屈曲），左右触碰后再分开。

57

角镰鱼

含义：角镰鱼。

　　角镰鱼经常被潜水初学者误以为蝴蝶鱼。实际上角镰鱼属于单种科镰鱼科，与蓝子鱼科鱼、刺尾鱼科鱼的亲缘关系更近。它们的体形呈圆盘状，侧扁，吻突出，体表有黑色、白色和黄色条纹，背鳍鳍条细长。

- 一侧手臂高举，五指屈曲，触碰头顶后再向上抬起。

58

鹦嘴鱼

含义：鹦嘴鱼。

　　鹦嘴鱼是鹦嘴鱼科鱼的统称，是常见的热带珊瑚礁鱼类，约有 80 种。大多数鹦嘴鱼用喙状齿板啄食死珊瑚或岩石附近的海藻。食物被消化后，鹦嘴鱼会排出大量白沙，白沙最终被冲刷至沙滩上。

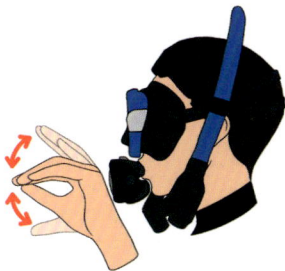

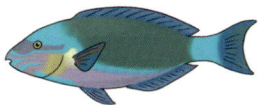

- 一只手拇指在下，其余四指在上并拢，上下开合，模仿鹦嘴鱼的嘴一张一合。

113

59

胡椒鲷

含义：胡椒鲷。

胡椒鲷是仿石鲈科胡椒鲷属鱼的统称。仿石鲈科鱼类大多不太活跃，白天单独或聚集成小群栖息于岩石突出部下方或悬垂物下方。

· 一只手五指指尖并拢，在呼吸调节器前画圈。

60

海龙

含义：海龙。

海龙是海龙科多种动物的统称，有200多种，通常很难被发现。它们的身体被骨板包裹着，拥有管状、无牙的吻部及封闭的鳃和卷曲的尾巴。

· 一只手小指向前伸，其余四指向掌心屈曲。

61
海马

含义：海马。

海马是海龙科海马属动物的统称，是一种小型海洋生物，体长 5~15 厘米。它们因头部弯曲、几乎与身体成直角而得名。大多数海马生活在珊瑚上或海草床中，以小小的甲壳动物为食。雄性海马有育儿囊，在育儿囊中孵卵。

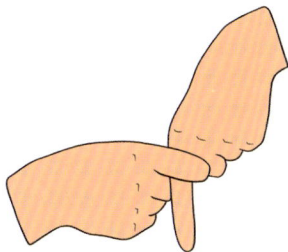

· 一只手的食指钩住另一只手的食指，其余手指向掌心屈曲。

62
狮子鱼

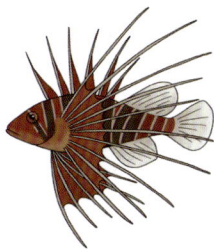

含义：狮子鱼。

狮子鱼是蓑鲉亚科蓑鲉属鱼的俗称。它们头部带刺，吻狭长，拥有羽状胸鳍和背鳍，针状鳍条非常尖锐且与毒腺相连，人类一旦被扎会产生强烈的疼痛感，严重时可致命。

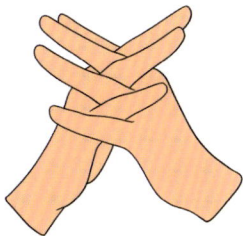

· 双手十指交叉，且指尖朝上。

63

鲉

含义：鲉。

鲉是鲉科鲉属鱼的统称，体长，头大，侧扁，具棘棱及皮瓣，吻钝圆，背面中央隆起。鲉广泛分布于温带和热带海域的浅海底层，栖息于沙地、岩礁、珊瑚或海藻丛中。它们的外形极具伪装性，是安静的伏击型捕食者。

· 双手十指在头顶交叉，指尖朝上。

64

石头鱼

含义：石头鱼。

石头鱼是毒鲉科鱼的俗称，约有9种，栖息在海底，安静地伏击、捕食猎物。它们是生活在珊瑚礁附近的外表最奇特的物种，伪装性强，很难被发现，而且毒性极强，涉水者一旦踩到它们就很容易受伤。

· 一只手食指和中指向上伸直、并拢，其余三指向掌心屈曲，食指和中指靠近呼吸调节器，然后离开。

潜水教学手势

数字及气压手势

日常应用手势

危险状况手势

潜水环境手势

个人情绪手势

水面手势及灯光信号

其他应用手势

海洋生物手势

手势交流示例

65

扳机鱼

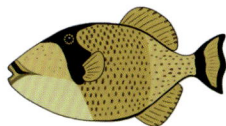

含义：扳机鱼。

　　扳机鱼是鳞鲀科鱼的俗称。它们的显著特征是头部很大，身体侧扁，牙齿强有力。它们大多体表色彩艳丽，图案明显，是珊瑚礁附近最好辨认的鱼类。扳机鱼的领地意识非常强，会毫不犹豫地攻击潜水员。一旦被它们咬，真的很痛！

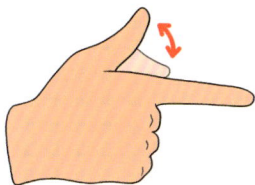

· 一只手拇指向上、食指向前伸直，其余三指向掌心屈曲，做出形似手枪的手势。

66

刺尾鱼

含义：刺尾鱼。

　　刺尾鱼是刺尾鱼科鱼的统称，约有70种，分布于热带和温带海域。大多数刺尾鱼呈明显的椭圆形，尾柄上有两根或多根尖利毒刺，这些毒刺用于抵御入侵者。

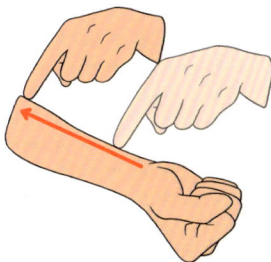

· 一只手的食指在对侧的前臂内侧由手腕处向手肘处以直线移动。

潜水教学手势
数字及气压手势
日常应用手势
危险状况手势
潜水环境手势
个人情绪手势
水面手势及灯光信号
其他应用手势
海洋生物手势
手势交流示例

67

短吻鼻鱼

含义：短吻鼻鱼。

　　短吻鼻鱼是刺尾鱼科的一种鱼，体表为蓝灰色或浅褐色，有许多深色细条纹和不规则条纹，吻上方有一个根部较宽、长而突出的角。它们常聚成小群活动，以浮游动物为食。

· 一只手食指向上伸直，其余四指向掌心屈曲，置于头顶，仿佛独角兽。

68

青蛙鱼

含义：青蛙鱼。

　　青蛙鱼是躄鱼科躄鱼属鱼的俗称。它们外表奇特，吻上方长着充当诱饵的器官——吻触手，经常在吻的前面晃动以吸引猎物。所有的躄鱼都是伪装大师，可以与栖息地的环境融为一体。它们会用胸鳍和腹鳍在海底行走而非游动。

· 一只手食指在额前上下屈伸，其余四指向掌心屈曲，仿佛青蛙鱼的吻触手。

69

管口鱼

含义：管口鱼。

　　管口鱼是管口鱼科鱼的统称，只有2种。管口鱼是聪明而活跃的捕食者，体形细长，头部侧扁，有管状、能扩张的长吻。

· 一只手的手指如图屈曲，另一只手的手指放在其掌心，仿佛在吹小号。

70

波纹唇鱼

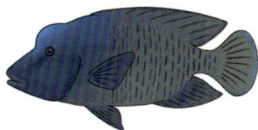

含义：波纹唇鱼。

　　波纹唇鱼是隆头鱼科鱼中的一种，也称拿破仑鱼、苏眉鱼。波纹唇鱼体形较大，体表为蓝绿色，有精美花纹，前额隆起。它们单独或成对活动，对潜水员好奇而友好。由于过度捕捞，波纹唇鱼现已成为濒危物种。

· 一只手握拳，虎口对着额头。

潜水教学手势
数字及气压手势
日常应用手势
危险状况手势
潜水环境手势
个人情绪手势
水面手势及灯光信号
其他应用手势
海洋生物手势
手势交流示例

71

金枪鱼

含义：金枪鱼。

金枪鱼是鲭科金枪鱼属鱼的统称。金枪鱼身体强壮，肌肉强有力，鳞片呈亮银色，尾鳍呈新月形，体形呈流线型。它们是强壮、攻击性强、游速极快的捕食者。

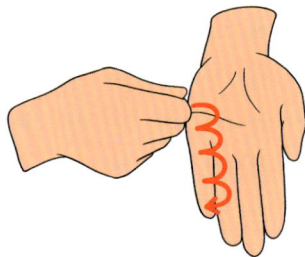

· 一只手握拳，在另一只手的手掌内缘上从上至下呈波浪状划动。

72

鲸

含义：鲸。

鲸是海洋哺乳动物鲸目中大型物种的统称。鲸是冷静的捕食者，它们有很高的智力，能够互相交流。它们的社会结构也很复杂。

· 一只手掌向下，呈波浪状向前移动。

73
海豚

含义：海豚。

海豚是海洋哺乳动物鲸目中的小型物种，广泛分布于大陆架附近的浅海。它们常跟着船首波和船尾波游动，偶尔完全跳出水面。

· 一只手食指向前伸直，手呈波浪状向前移动。

74
海龟

含义：海龟

海龟是海洋龟类的统称，分布范围十分广泛，除北冰洋外的全球海域都可见到它们的身影。它们背上有壳，壳呈扁平的流线型，壳上的花纹较一般陆龟和河龟复杂，足为船桨状。

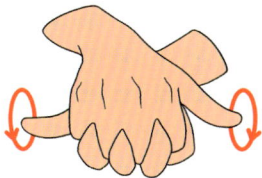

· 一只手的手掌放在另一只手的手背上，双手相叠，十指交叉，两个拇指按相同方向转圈。

潜水教学手势

数字及气压手势

日常应用手势

危险状况手势

潜水环境手势

个人情绪手势

水面手势及灯光信号

其他应用手势

海洋生物手势

手势交流示例

潜水手势

75

海蛇

含义：海蛇。

海蛇是生活在海洋中的一类爬行动物。

海蛇喜欢栖息在大陆架和海岛周围的浅水中，在水深超过 100 米的开阔海域中很少见。有些海蛇喜欢待在沙质海底或淤泥质海底，有些海蛇则喜欢在珊瑚礁周围的清水里活动。

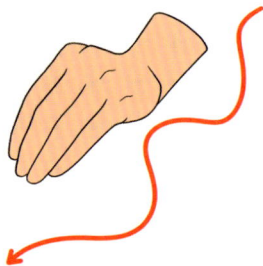

· 一只手五指并拢、微屈，然后以左右摆动的方式向前移动，模仿蛇爬行的样子。

第十章
手势交流示例

潜水手势

01
无法平衡耳压！

女：我无法平衡耳压，耳朵疼。（图①）
男：停下来，然后上升一点点，再试试。（图②）
女：耳压平衡了。（图③）
男：OK，继续潜水。（图④）

　　潜水时如果出现无法平衡耳压的状况，可上升一点点之后再次尝试平衡耳压。如果仍然无法平衡耳压，请终止潜水。用力做平衡耳压的动作可能会导致耳朵受伤。

02

你还有多少气体？

男：你还有多少气体？（图①）
女潜水员检查了一下仪表。（图②）
女：还有 130 巴。（图③）
男：OK，继续潜水。（图④）

　　潜水时请时刻关注气体的消耗情况，这是你自己的事情，不要指望潜伴或教练提醒你。进行任何类型的潜水都应预留出应对紧急情况的气体量，通常为 50 巴或更高。

潜水教学手势

数字及气压手势

日常应用手势

危险状况手势

潜水环境手势

个人情绪手势

水面手势及灯光信号

其他应用手势

海洋生物手势

手势交流示例

潜水手势

03

小心，这里水流较强！

```
①|②
③|④
```

> 两位潜水员遭遇了一阵较强的水流。（图①）
> 男：小心，这里水流较强。（图②）
> 男：我们绕道走。（图③）
> 他们避开了强流。（图④）

在制订潜水计划时一定要考虑本次潜水地点的水流强度，如果水流强度超出自己所能应付的范围，那么最安全的计划就是终止潜水。做图②的手势时动作幅度的大小代表水流的强度大小。

04
我累了！

①②
③④

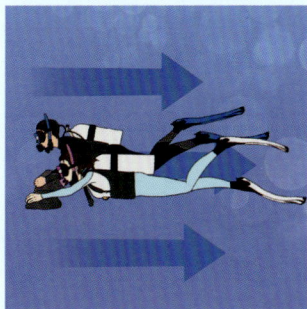

两位潜水员在逆流前进。（图①）
女：我累了。（图②）
男：停下来，抓住礁石。（图③）
他们抓住礁石休息。（图④）

　　逆流潜水时请注意自身的体力状况，如果感到疲惫，可就近找一处可以支撑身体的地方，停下休息。

　　如果感到疲惫，请停止动作并深呼吸，调整呼吸使之舒缓、规律。疲劳会导致抽筋或其他严重问题，如果体力无法恢复，请立刻终止潜水。

潜水教学手势

数字及气压手势

日常应用手势

危险状况手势

潜水环境手势

个人情绪手势

水面手势及灯光信号

其他应用手势

海洋生物手势

手势交流示例

♨潜水手势

05
危险！

①｜②
③｜④

两位潜水员发现了一群危险生物。（图①）
男：那边有危险生物，小心！（图②）
男：我们从上方越过它们。（图③）
他们避开了危险生物。（图④）

　　遭遇危险时请保持冷静，根据情况做出最佳判断。

潜水教学手势

数字及气压手势

日常应用手势

危险状况手势

潜水环境手势

个人情绪手势

水面手势及灯光信号

其他应用手势

海洋生物手势

手势交流示例

06
装备漏气了！

①｜②
③｜④

男潜水员的装备开始漏气。（图①）
女：你的装备漏气了！（图②）
男：请给我你的备用气源，准备上升。（图③）
男潜水员使用备用气源上升。（图④）

　　如果遇到装备漏气的情况，请立刻寻求潜伴的帮助，尽可能降低气体泄漏的速度，并尽快上升。

潜水教学手势

数字及气压手势

日常应用手势

危险状况手势

潜水环境手势

个人情绪手势

水面手势及灯光信号

其他应用手势

海洋生物手势

手势交流示例

07
我找不到潜伴了!

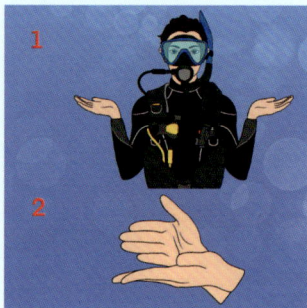

男：我找不到潜伴了！（图①）

女：原地搜索一分钟。（图②）

男：啊，在那里！（图③）

女：OK，继续潜水。（图④）

　　如果在水下发生与潜伴走散的情况，请严格执行原地搜索 1 分钟后在水面集合的程序，不要乱跑。

潜水教学手势

数字及气压手势

日常应用手势

危险状况手势

潜水环境手势

个人情绪手势

水面手势及灯光信号

其他应用手势

海洋生物手势

手势交流示例

08
你发生氮醉了！

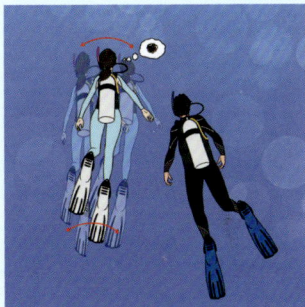

①②
③④

女潜水员出现了氮醉症状。（图①）
男：你发生氮醉了！（图②）
男：上升到计划深度。（图③）
男潜水员协助女潜水员上升。（图④）

　　氮醉通常发生在较深的水下，当气体的压强增大、气体中氮分压增高时，氮气会对人体有一定的麻醉作用，有人因此会出现眩晕、莫名的喜悦或反应迟钝等现象。缓慢上升到较浅处即可有效缓解氮醉症状。

潜水教学手势

数字及气压手势

日常应用手势

危险状况手势

潜水环境手势

个人情绪手势

水面手势及灯光信号

其他应用手势

海洋生物手势

手势交流示例

潜水手势

09
前方有珊瑚礁！

① ②
③ ④

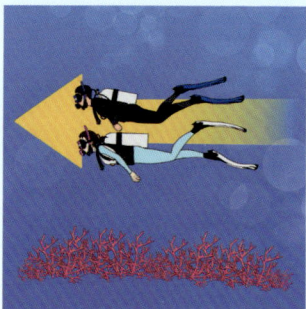

两位潜水员发现了一片珊瑚礁。（图①）
男：前方有珊瑚礁！（图②）
男：请保持深度，不要破坏珊瑚礁。（图③）
他们调整至中性浮力状态继续潜水。（图④）

珊瑚礁是由珊瑚堆积成的礁石。珊瑚发挥着生产氧气的重要作用，同时也是海洋生态环境的重要一环，请不要破坏珊瑚或珊瑚礁。

潜水教学手势

数字及气压手势

日常应用手势

危险状况手势

潜水环境手势

个人情绪手势

水面手势及灯光信号

其他应用手势

海洋生物手势

手势交流示例

10
有鲨鱼！

①②
③④

 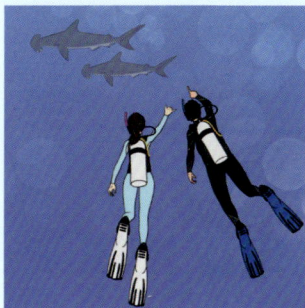

两位潜水员发现了鲨鱼。（图①）
女：有鲨鱼！（图②）
男：是锤头鲨！（图③）
他们游向鲨鱼。（图④）

　　鲨鱼一般不会主动攻击人类，因此潜水时遇到鲨鱼不必惊慌，与它们保持距离即可。不要试图追逐任何海洋生物。

潜水教学手势

数字及气压手势

日常应用手势

危险状况手势

潜水环境手势

个人情绪手势

水面手势及灯光信号

其他应用手势

海洋生物手势

手势交流示例

11
丢掉它！

男潜水员捡起了一个海星。（图①）
女潜水员准备劝阻男潜水员丢掉海星。（图②）
女：丢掉它！（图③）
男潜水员丢掉了海星。（图④）

　　除非必要，不建议在水下触摸任何物体。

12
前方有清洁站！

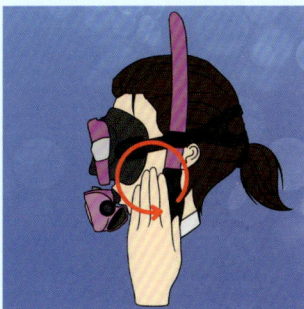

①｜②
③｜④

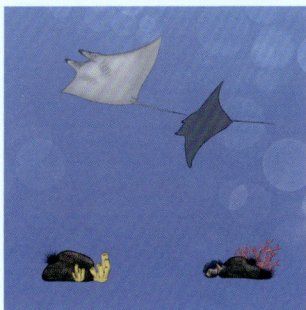

> 两位潜水员发现了清洁站。（图①）
> 女：前方有清洁站！（图②）
> 他们看到清洁站附近有蝠鲼。（图③）
> 男：看！蝠鲼！（图④）

　　某些海洋生物（如海龟、蝠鲼、翻车鱼等）会不时到清洁站接受"服务"，生活在这里的小鱼通过吃它们身上的寄生虫和老化组织获取养分，这种关系叫共生。

　　请不要打扰它们。

潜水教学手势

数字及气压手势

日常应用手势

危险状况手势

潜水环境手势

个人情绪手势

水面手势及灯光信号

其他应用手势

海洋生物手势

手势交流示例

潜水手势

13
这些是好斗的海洋生物！

①│②
③│④

两位潜水员发现了一群好斗的海洋生物。（图①）
男：前方有好斗的海洋生物。（图②）
男：请向这边走，绕开它们。（图③）
他们避开了好斗的海洋生物。（图④）

　　某些海洋生物具有明显的领地意识，当你侵入它们的领地时，会遭到攻击。请谨慎对待它们。

潜水教学手势

数字及气压手势

日常应用手势

危险状况手势

潜水环境手势

个人情绪手势

水面手势及灯光信号

其他应用手势

海洋生物手势

手势交流示例

潜水手势

14
我来给你拍照！

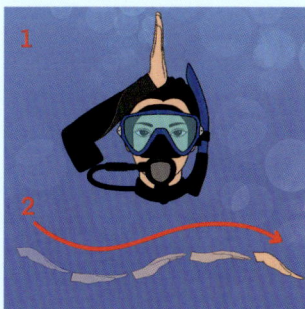

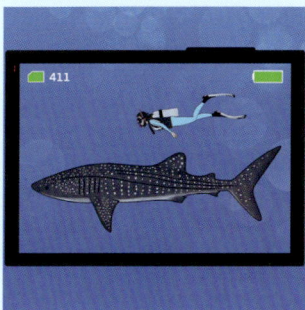

両位潜水员发现了一条鲸鲨。（图①）
男：看，鲸鲨！（图②）
男：我来给你拍照！（图③）
男潜水员给女潜水员拍了一张与鲸鲨的合影。（图④）

　　在拍照时请注意自身安全，且不要伤害海洋生物。

15

电池还有多少电量？

女：你的电池还有多少电量？（图①）

男潜水员检查了一下相机。（图②）

男：还有一半。（图③）

女：OK。（图④）

　　在进行水下摄影前请检查相机和相关装备，包括但不限于电池是否有电、内存卡是否有空间、镜头盖是否已拿下、防水壳密封状态是否良好、各类灯具可否正常工作等细节。一旦开始下潜，你就没机会再检查了。

参考资料

1. PADI. 开放水域潜水员手册 [M]. Rancho Santa Margarita，California：PADI 出版，2018.

2. PADI. 休闲潜水百科全书 [M]. Rancho Santa Margarita，California：PADI 出版，2012.

3. 孙忠利，袁东. 潜水运动基础 [M]. 北京：人民体育出版社，2018.

4. 温仲华，等. 休闲潜水 [M]. 北京：北京体育大学出版社，2004.

5. 安德烈亚·费拉里，等. 潜水鱼书 [M]. 柳正奎，译. 北京：北京科学技术出版社，2017.

6. 科斯特·迈克尔，等. 潜水识鱼 [M]. 王金燕，李昂，译. 北京：北京科学技术出版社，2019.

7. Lars Behnke.Scuba Diving Hand Signals: Pocket Companion for Recreational Scuba Divers [M].Scotts Valley, California：CreateSpace Independent Publishing Platform，2015.

作者介绍

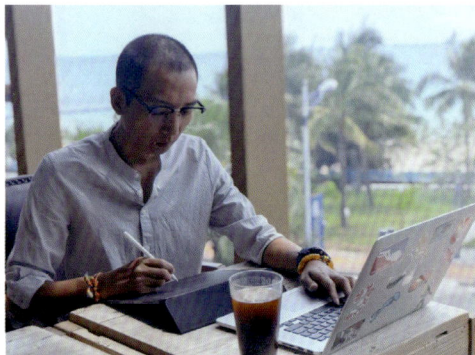

曹鹏飞

10 年潜水经验

中国潜水打捞行业协会潜水教练

PADI IDC 参谋教练

PADI 自由潜教练

珊瑚礁保育专长教练

打击海洋垃圾专长教练

水下摄影师。曾参与中央电视台纪录片《人文地理·新青年·碧海生根》和《长城：中国的故事》的拍摄工作。获得 2020 年中国三亚"爱上深蓝"国际水下嘉年华摄影比赛广角组一等奖。

曾参与海南南海热带海洋研究所开展的珊瑚种植活动，以及中国科学院深海科学与工程研究所开展的中国珊瑚礁监测与保育培训营活动。

现居海南三亚，定期开展打击海洋垃圾活动。

联系方式：10933735@QQ.COM